十七字の戦争

―川柳誌から見た太平洋戦争と庶民の暮らし―

田村義彦【著】

かもがわ出版

はじめに

もしも歴史が口をきけたなら、日本沈没、というつぶやきが聞こえてくる気がする最近の日本の世相。公然と差別を叫ぶ人たちが現れ、それを「残念です」と言うだけで戒めようともしない政治家。過去の歴史をたどると、その差別の叫びは天に唾することと分かるはずなのですが……。さらには、キナ臭い空気が漂い出し、憲法を改め、勇ましく戦う国へ向かおうとする兆しも出てきた。歴史から学ばぬ者は歴史を繰り返す、と言いますが。いつか来た道をトットコ……、ですか？

昭和二十（一九四五）年八月十五日、日本は自らがひき起こした大東亜（太平洋）戦争で連合国軍に敗れた。それから、平成三十（二〇一八）年の夏でもう七十三年。戦争が終って生れた「戦争を知らない子供」たちは、大人になり、老人になった。日本中の都市を廃墟にしたあの空襲の記憶をわずかでも残している世代が七十五歳を超えてしまった今、「戦争を知らない日本」でもある。半世紀以上も前のことだが戦争で破壊され尽くしたことは、もう忘却の彼方ですか？　でも、忘れちゃいけませんよと、ときに化石のように現れる不発弾が戦争のあったことを教えてくれる。

「――帝国陸海軍は今《こん》八日未明、西太平洋において米英軍と戦闘状態に入れり」とラジオから流れた昭和十六（一九四一）年十二月八日のハワイ真珠湾攻撃に始まり、昭和二十年八月十五日正午過ぎ、やはりラジオから流れた「朕深ク世界ノ大勢ト帝国ノ現状トニ鑑ミ非常ノ措置ヲ以テ時局ヲ収拾セムト欲シ茲ニ忠良ナル爾臣民ニ告ク　朕ハ帝国政府ヲシテ米英支蘇四国ニ対シ其ノ共同宣言ヲ受諾スル旨通告セシメタリ……」という玉音（天皇の声）放送によって戦争が終結するまでの三年八カ月あまり、日本国民はどんな状況の中にあったのか。父祖の世代は、どうしてあんな無謀な戦いにのめり込んでいったのか。

治安維持法で反対は出来なかった？　社会運動弾圧のため大正十四年に公布された治安維持法。昭和三年には死刑、開戦直前には予防拘禁まで追加、改定されていて、なにか言うとすぐ「ちょっと来い」と特高（特別高等警察課）につかまってしまうから逆らえない？　それもあったでしょうが、明治以来、天皇を神とあがめ、富国強兵の戦う国民として教育されてきた日本人です。神国日本の忠良なる臣民として「いや」とは言えなかった？　太平洋戦争当時の庶民は、戦争をどう受け止めてどう暮していたのか。時代の雰囲気と人々の心象を表現する庶民の文学「川柳」でそれを見てみよう。

関東に「川柳きやり」、関西に「番傘」、あの苛酷な戦争の中、必死に出し続けられた川柳雑誌があった。「番傘」は大正二年創刊（不定期刊でしたが、大正十三年から月刊に）。「川柳きやり」は大正九年創刊（両誌は現在も続刊中）。「番傘」の主幹岸本水府《すいふ》、「川柳きやり」の主幹村田周魚《しゅうぎょ》、共にそれぞれの雑誌の牽引力となり、さらに川柳界の牽引力ともなっていた。開戦時点では、この二誌の他に、麻生路郎《じろう》の「川柳雑誌」（大阪）、椙元紋太《すぎもともんた》の「ふあうすと」（神戸）、川上三太郎の「川柳研究」（東京）が全国的に人気を集めていたが、戦時統制で廃刊に追い込まれたり、戦時下の人的理由（編集スタッフの徴兵・徴用・病没など）や、空襲で印刷所が焼けて発行不能となり、統制で廃刊とされた「川柳きやり」が、唯一、会員制の社報という形で発行し続けた。

川柳は十七字に凝縮された究極のショートショートです。検閲があり、本音は出せない状況での作句だったのでしょうが、その凝縮された庶民の思いから緊迫して行く世相を追ってみよう。戦争末期には日本国内でただ一誌の川柳雑誌になってしまった「番傘」、雑誌存続の途を断たれたが社報という形で空襲下も絶えることなく発行し続けた「川柳きやり」の二誌から、国民がどのように困苦に耐えたのか、人情風俗として川柳に残されたその姿を、その時代を見ていこう。都合の悪いこと、いやな思い出はなかったことにしたがる日本人の悪い癖を抑え、戦争を「忘れない」ために。

（いつか来た道をトットコ……は次の句からの拝借。「いつか来た道をとっとこ自衛隊　岩手　陶山べら坊」昭和二十九年七月十五日付読売新聞、よみうり時事川柳）

※なお、句や記事などの引用部分は歴史的仮名遣いのまま、固有名詞を旧字体とした以外は新字体とし、引用部分に加筆した振り仮名は（　）付にしました。

※引用句について。二誌ともに同人投句誌で、同人と一般の投句は発表欄が別。「番傘」は、句に同人の場合は居住地を記さず、一般投句者には地名を付ける。「きやり」の場合は同人（社人）にも一般投句者にも居住地を記す。両誌ともに毎月本社句会（常会）を開催。この発表句は、苗字抜きで川柳の雅号のみ。この他に、各種催しの句会、各地支部の句会の作品（各地句報）も紹介されていて、これは作者の雅号のみだったり、姓も付けたり、居住地を付したり、さまざま。雑誌統合で様々な結社からの投句が増えだすと、同姓同名同雅号の問題のため「番傘」も同人に居住地を記すようになり、さらに減ページの時代には、すべて雅号のみという状態も出現した。そういうわけで、引用された句の作者名の表記がさまざまになっている。

また、「きやり」主幹の村田周魚には「海月堂句箋」という自作発表欄、「番傘」主幹の岸本水府にも「近詠」ほかの名で自作発表欄があった。

十七字の戦争　目次

はじめに　3

序　昭和イコール「戦う日本」　9

第一章　川柳誌も戦っていた　その昭和十六、七年　19

1　米英と戦闘状態に入れり　21
2　多少の余裕もありました　27
3　快進撃、勝利報道に酔った数カ月……　32
一字の相違　47
4　欲しがりません……、欲しくても物がない　50

第二章　ああ、どこまで続く戦争　その昭和十八年　73

1　連戦連勝、で、物価も上昇？　75
2　撃ちてし止まむ、の真相は……　86
3　衣料切符が要る死出の旅　98
4　もう隠せない程負けていた　106

第三章　スイカもメロンも無い夏　その昭和十九年　117
1　子供も大人も、みな労働者　119
2　造れ送れといわれても……　126
3　理由なき廃刊指令　130
4　カボチャだらけの中の聖戦　143

第四章　降って来るのは、爆弾ばかり　その昭和二十年　165
1　空襲下に川柳を詠み、雑誌を作る　167
2　悲惨な戦争、ここに極まる　174
渡邊紅衣さんの罹災記「魔火と戦ふ」　177
3　四頁、たった四頁、されど四頁　182
4　八月十五日　戦争は、終わった。　188

註　205
参考文献　208
あとがき　209
太平洋戦争関連年表　20　74　118　166
引用川柳索引

題字・装画　黒田征太郎

序　昭和イコール「戦う日本」

太平洋戦争に至るまでの昭和という時代を「戦争」という指標で見ると、どんなことが見えて来るだろう。大正十五（一九二六）年十二月二十五日、大正天皇が死去し、年号が昭和となった。昭和元年は一週間だけです。

昭和二（一九二七）年五月、中国の内乱からの居留民保護を名目に関東軍派兵*（山東出兵）。

昭和三（一九二八）年六月、関東軍による華北軍閥・張作霖《ちょうさくりん》爆殺事件。

昭和六（一九三一）年九月、満州事変。*関東軍参謀ら、奉天郊外柳条湖《りゅうじょうこ》で満鉄線路を爆破。これを中国軍の行為として軍事行動開始。

昭和七（一九三二）年、五・　五事件。*

昭和八（一九三三）年三月、日本、国際連盟脱退。

昭和九（一九三四）年、軍需景気拡大、国内の大財閥、満州進出開始。

昭和十一（一九三六）年、二・二六事件。*

昭和十二（一九三七）年七月、北京郊外盧溝橋《ろこうきょう》付近で日中両軍衝突、日中戦争へ。

昭和十三（一九三八）年四月、国家総動員法を公布。

昭和十四（一九三九）年七月、国民徴用令*公布（16歳以上45歳未満の男子、16歳以上25歳未満の女子を軍需工場などに徴用。）九月一日、第二次世界大戦始まる。十二月二十六日、朝鮮総督府、朝鮮人の氏名に関する件*公布。

昭和十五（一九四〇）年八月、国民精神総動員本部、「贅沢品は敵だ！」の立看板千五百本を東京中に。十月十二日、大政翼賛会*創立。十一月十日、紀元二千六百年式典挙行。

振り返ってみて、驚きました。昭和と年号が変わって以来、戦がらみの日々が続いていた。その流れの中で、太平洋戦争が始まった昭和十六（一九四一）年はこんな年でした。

三月、政府権限が大幅に拡張された国家総動員法が公布され、予防拘禁制を追加した治安維持法も公布された。四月一日、小学校を国民学校と改称。生活必需物資統制令が公布され、六大都市（東京、横浜、名古屋、京都、大阪、神戸）で、米穀配給通帳制・外食券制実施（主食配給基準一日二合三勺）。八月三十日の金属類回収令で家庭から鍋釜が消え、十月になると、乗用車のガソリン使用全面的に禁止。東条陸相が現役軍人のまま首相に、東条英機内閣成立。十一月には丙種合格も召集となり、世の中の動きは戦へ一直線です。

で、十一月二十二日の国民勤労報国協力令公布（男子14～40歳、未婚女子14～25歳に勤労奉仕義務法制化）を経て、十二月八日、ハワイ真珠湾奇襲攻撃により太平洋戦争（大東亜戦争）に突入したのでした。

「川柳きやり」も「番傘」も発行月の月初めに発売されている。十二月号に掲載されている句の締め切りは「川柳きやり」が十月十五日、「番傘」が十月十日でした。まだ太平洋戦争開戦前なのですが、すでに戦闘モードの句もみえる。それは、昭和十二年に日中戦争で本格的に「戦争」へ突入、昭和十四年になると第二次世界大戦で、地球全体が戦闘状態に入れり、だから当然のことでしたか。

そういう世の中で発行された **「川柳きやり」昭和十六年十二月号** を開くと、巻頭に「大政翼賛吟」と大書。全国的に翼賛ムードの中だったようですが、翼賛しなければ紙の配給が受けられず、雑誌発行が不可能な仕組みの時代*でした。

体力奉公の題で二十四句が並んでいる。その中からの二句。

大君に捧げる力瘤を持ち　哲茶

模範工体力章も持つて居る　春翠

大君（おおきみ）＝天皇です。この頃、厚生省が行う体力章検定というのがあった。満十五歳以上二十五歳までの男子はすべて受けなければならず、初級、中級、上級とそれぞれバッジがもらえた。総ての国民は兵力であり労働力で、学力よりも体力重視です。続いて「聖戦句陣」のタイトルで、兵士として出征した川柳作家の句。

母の夢見たし寝床の藁を積む　○○　戸田笛二郎

この○○というのは、作戦中の兵士は軍事機密として居所を明らかにしてはならないためです。戦場の句から、国内銃後の作家の句に目を移すと、こんな世の中が見えて来た。

スフと云ふ気構へちゃんと服を脱ぎ　北海道　岸川輕舟

陶製のアイロンもある新家庭　爲雄

スフとはステープルファイバーの略で、絹に似せて作った繊維で人造絹糸（人絹）と呼ばれ、それで織った布をスフと称した。強度がなく、すぐ破れるものの代名詞のように言われ、注意して脱ぎ着しなければ、ほころび、破れが当たり前の弱い繊維だった（現在のスフは十分に強度もあり、レーヨンと呼ばれている）。

瀬戸物じゃ、アイロンとは言わないだろうに……、とは思うのですが。これは、昭和十三年に登場した「代用品」という代物で、陶製の鍋や竹製のスプーン、木製バケツ、鮫皮の靴に鮭皮ハンドバッグなど猫に齧られそうな代用品もあります。金属・革・布などはすべて軍事優先の時代で、同じ生活風景が「番傘」の十二月号にもありました。

瀬戸物のお釜で出来た飯の味　八幡　松本青少
献納の鉄片戦車か砲弾か　大阪　杜月
破れ鍋も興亜*へ勇み召されゆく　東京　十思

この年の八月三十日、金属類回収令が公布された。「金属回収令けふ実施　回収物資の品目指定」（九月一日、大阪毎日）によると、傘立、花器、菓子用器、ブックエンド、戸棚、ロッカーにマンホールの蓋など鉄関係42種類、銅関係46種類が指定され、以後町や村からどんどん金属が消えて行ったのです。鍋釜から鉄柵、街灯、仏具、鐘、火の見櫓や釘さえも。軍艦になり、飛行機になり、銃砲になり、弾丸になるために。

また「川柳きやり」に戻ります。

芋買へた包近所に囲まれる　東京　菅野十思
品不足人みな耐えて春を待つ　東京　伊豫部露光
あきらめた列に淋しい夜の膳　世田谷　齋藤葉奈子
世評などよそに電髪精勤な　京都市　北村一丘
転職の話うづまく昼休み　小樽市　鈴木晴也
たゞなぐることが錬成とは悲し（某先生へ）　埼玉県　高橋只一

地方ではまだ食料に不自由することはなかったようですが、東京の食糧事情はこの句のごとし。四月から開始された主食配給の基準は成人男子一日二合三勺（三三〇グラム）。以前は、中程度の労働で主食三合から三・三合（四二〇〜五〇〇グラム）といわれていますから、激減です。お腹が空きます。でも、何でも並ばなければ買えない時代。並んでも買えないことがある物不足。開戦後は、この状況が全国的に広がって行った。

電髪とはパーマネントのことです。パーマは洋風であるということで目の敵にされ、ファッションなどもってのほか、という世相に突入していた。学業は軍事訓練による兵士育成に傾き、戦争に無関係の職業、余裕に関連する職業は、廃業せざるを得なくなり、世相は戦争一色に染められてきた。

東京・九段にある戦中戦後の暮しを伝える国立「昭和館」の説明の中からの拝借です。

『統制のはじまり　戦争への動員体勢が本格的になるのは、日中戦争下で、昭和十二（一九三七）年九月より「国民精神総動員運動」が開始されてからであった。教育・行事・体育・娯楽などあらゆる生活の面で戦意高揚がはかられ、戦争中心の生活に切り替えることを求める精神運動が進められた。十四年九月一日より、毎月一日を興亜《こうあ》奉公日《ほうこうび》と決定し、戦場の労苦を偲び自粛自省するために、この日は、梅干し一つの「日の丸弁当」や、一汁一菜・禁酒禁煙、早朝の神社参拝、勤労奉仕、料理店・喫茶店などの休業、酒の販売禁止、ネオンの消灯などが実施された。このようにして、次第に国家の統制は国民生活の隅々にまで及ぶようになった。』そういうわけで、こういう句が。

もんぺきちんと芸者も興亜奉公日　　群馬県　三上半柳

興亜奉公日は日米開戦により「大詔奉戴日《たいしょうほうたいび》」と名を変えて昭和十七年からは毎月八日に行われた。

そんな中で、「ひとときを煙管《きせる》にぼんやりと冬陽　村田周魚」というような日常もあったのが日米開戦前です。

ここで、同じく開戦前の関西の**「番傘」十二月号**に目を転じると、主幹岸本水府は「参禅」の題で、「座禅くむ親指の裏おもしろし　堺南宗寺にて」と詠んでいて、まだまだ周魚さんの「ぼんやり」感と相通ずる気持の余裕を感じさせている。

「番傘」所属の川柳作家も軍務についていて、その投句は「陣中柳多留」のタイトルで掲載。日中戦争が始まってからもう四年過ぎたが、戦地でもまだ余裕の句が見える。一方、父夫兄弟伯父叔父さんが戦地という家庭も多く、国民は戦を身近に感じていた。

歩調取れ支那*の子供がついて来る　　南支　安部百羽
山羊の子とたわむれてゐて宿営地　　中支　辻本甲子樓

戦地から便りのないを無事と決め 島根 笹本英子

転校の事情は父が神となり 礒野いさむ

戦死すると神として靖国神社に祀られるというこの時代。父を亡くした子は何処へ？ せつない気持も伝わってくる。そして、世間はどんなかというと。

奉公の噂通天閣高い 矢野千兩

富田屋のバケツを提げたモンペ隊 小島祝平

後出の「番傘」昭和十八年三月号のエッセイ「人間手帖」でこの奉公の噂の真相がわかる。富田《とんだ》屋《や》は大阪の宗右衛門町にあった超一流のお茶屋。そこの美しきモンペ隊を想像してみて下さい。そしてまた、世の中の雰囲気はどうかというと、こんな感じでした。熱血と冷静、あるいは建前と本音？

興廃を叫ぶ帽子の鷲づかみ 福井柳園子

翼賛を知つてはゐるが釣が好き 尖平（くさなぎ会 九月小集）

開戦直前の昭和十六（一九四一）年十一月二十二日、「国民勤労報国協力令」が公布され、十二月一日より実施された。これは昭和十三年に公布された「国家総動員法」の第五条による国民勤労報国隊に関する勅令で、十一月二十二日付大阪朝日新聞によると「本勅令はまつたく罰則規定を設けず、専ら国民の協力精神に期待する日本的性格の満ち溢れたもので」、男子十四～四十歳、未婚女子十四～二十五歳が、「総動員業務に協力する義務を負ふことになる」というのですが、罰則がないとはいえ、勤労奉仕の義務化です。少年少女も労働力に組み込まれてしまいました。

飛行機を見あげ少年巡査ゐる　堤　雨少
故郷遠し少年工の祭恋ふ　横山青笠
十字路は日暮少年奉仕隊　榎園翠屏

こういう句だけですと、この時代のいつもの日常のように思われるのですが、これに、食べ物がからんで来ると、現実の世相が見え出す。

喰べられる芽が出た箱を陽へ移し　柳瀬子行
一億の明日の力が鰯なり　久雄　番傘北斗會（十月句会）

平成の世からではなくても、とても戦争に勝てるようなイメージじゃありませんね。でも、こういう中、「ニイタカヤマノボレ一二〇八」の暗号電報が発信され、ハワイのオアフ島真珠湾の米海軍基地を奇襲攻撃、悲惨な戦争に突入したのでした。

第一章

川柳誌も戦っていた

その昭和十六、七年

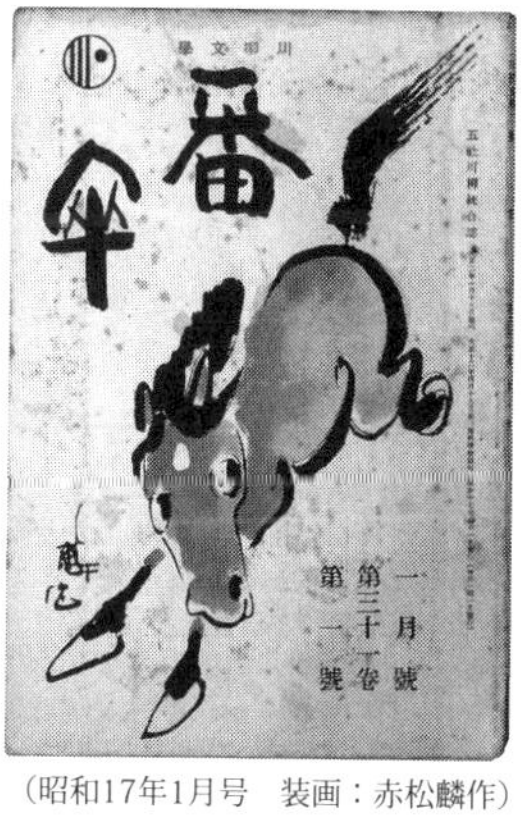

（昭和17年1月号　装画：赤松麟作）

（昭和17年1月号　装画：三上千坊）

太平洋戦争関連年表

昭和16年（1941）

12月8日　ハワイ真珠湾空襲、米戦艦主力を撃破。
12月10日　マレー沖海戦。英国の戦艦を撃沈。日本軍、グアム島を占領。フィリピン北部に上陸。
12月12日　閣議で、戦争の名称を、支那事変を含めて大東亜戦争と決定。
12月19日　言論、出版、集会、結社等臨時取締法公布。
12月25日　香港の英軍降伏。

昭和17年（1942）

1月1日　塩の通帳制配給、家庭用ガスの使用量割当制実施。
1月2日　日本軍、マニラ占領。
1月8日　1日の興亜奉公日を廃し大詔奉戴日を実施（毎月8日）。
1月10日　六大都市で味噌、醤油の切符制配給実施。2月からは地方でも。
1月23日　日本軍、ニューギニアの東、ビスマルク諸島のラバウルに上陸。
2月1日　衣料品点数切符制実施。
2月15日　シンガポールの英軍降伏。
2月18日　大東亜戦争戦捷第一次祝賀国民大会開催（酒、菓子など特配）。
3月1日　日本軍、ジャワ島上陸。9日蘭印軍降伏。
3月6日　海軍省、特殊潜航艇で真珠湾に進攻戦死した9人を軍神と発表。
4月5日　海軍機動部隊、インド洋に進出、英巡洋艦二隻撃沈。
4月18日　米軍機16機、東京・名古屋・神戸など初空襲。
5月1日　「昭和35年内地人口一億突破を期す」のスローガンで健民運動開催。
5月7日　マニラ湾コレヒドール島の米軍降伏（バターン=死の行軍）。珊瑚海海戦、双方空母1隻ずつ失う。
5月8日　南方占領地域開発に赴く多分野の専門技術者をのせた大洋丸、米潜水艦により撃沈され、817人死亡。
5月9日　金属回収令で寺院の仏具、梵鐘など強制供出。
5月26日　日本文学報国会結成。
6月5日　ミッドウェー海戦（～7日）で日本4空母を失う。
6月8日　割増金付切手債券「弾丸切手」（額面2円で1等1000円）を発売。
6月19日　230億円を目標に貯蓄強調週間を開始。
7月12日　朝日新聞社、全国中等学校野球大会の中止を発表。
7月22日　陸軍省、空の軍神加藤隼戦闘隊長戦死発表。
7月24日　情報局、全国主要新聞社の整理統合方針（一県一紙）を発表。
8月7日　米軍ガダルカナル島上陸。日本軍数度にわたる奪回作戦失敗し年末撤退を決定。
9月16日　在日宣教師を抑留所に強制収容。
10月11日　国鉄、時刻表に24時間制実施。
12月8日　ニューギニアのバサブアの日本軍玉砕（戦死800人）。
12月15日　大政翼賛会「海ゆかば」を国歌に次ぐ国民の歌として各種会合に斉唱するよう通達。
12月28日　日本出版文化協会用紙割当大幅に減配決定単行本5割・雑誌4割。

1　米英と戦闘状態に入れり

昭和十六年十二月八日、月曜日、ラジオから午前七時の時報に続き臨時ニュースのチャイムが流れた。「臨時ニュースを申し上げます。臨時ニュースを申し上げます。大本営陸海軍部午前六時発表――。帝国陸海軍は今八日未明、西太平洋において米英軍と戦闘状態に入れり」。とうとう米英と戦争です。

高村光太郎（詩人・彫刻家）は、この日、大政翼賛会の中央協力会議の会場、東京丸の内の東京会館でこのことを知り、「……当日は実に感激に満ちた記念すべき日となつた」と。

国語学者、大野晋は東京大学国文学科の学生だった。『それは月曜日の朝のことである。前の晩の調べの続きをしようと起きて、たまたまラジオを入れた。アナウンサーの荘重な声が流れて来た。（略）朝の講義が終わって、安田講堂の前の道に出ると、銀杏《いちょう》はおよそ葉を落していて、薄い、弱い初冬の陽が斜めにさしていた。アーケードの下に群がっている学生たちに向かって、ラジオが叫んでいた。「今や、帝国は……」東条英機《ひでき》首相の甲高い声の演説である』

作家、永井荷風の日記「断腸亭日乗」によると、「十二月八日。……日米開戦の号外出づ。帰途銀座食堂にて食事中灯火管制となる。街頭商店の灯は追〻に消え行きしが電車自動車は灯を消さず、省線は如何にや。……」。出たその号外は、「我が陸海軍今暁遂に米英軍と戦闘状態に入る　西太平洋に決戦の火蓋」（東京日日新聞号外）。

　真珠湾攻撃と同時にアジア諸国へ破竹の勢いの進撃です。「ハワイ・比島*に赫々の大戦果」（九日、東京朝日）、夕刊にも大見出しが躍ります。「帝国・米英に宣戦を布告す」「宣戦の大詔渙発*さる」「比島、グアム島を空襲」「シンガポールも攻撃」「マレー半島に奇襲上陸」「香港攻撃を開始す」。さらに、十日には東京の新聞通信八社主催の米英撃滅国民大会が後楽園球場で挙行された。

　ほとんどの国民が、勝った勝った万歳だったのではないでしょうか。日本は神の直系子孫である天皇により統治される神の国であり、皇軍と呼ばれる天皇の軍隊は天下無敵であると明治以来の軍国教育で刷り込まれた大日本帝国の忠良なる臣民でしたから。

　そして、大本営発表では勝ち続けた。それは初戦の頃だけで半年後には形勢逆転していたのが現実です。新聞も雑誌もラジオも報じない、情報統制下でのこと。秘密保護ってこういうことなのですね。

1942 1月

「番傘」昭和十七年一月号の巻頭は「決戦」の題で主幹水府の十句、そこからの二句。

時宗の心日本の朝が来る
大本営発表こゝに神の声

新仏教「時宗《じしゅう》」ではなく、鎌倉幕府の第八代執権、北条時宗《ときむね》です。十三世紀、文永・弘安の役の元寇（二度に渡る蒙古軍来襲）をまねき、それを台風＝神風でしのいだので知られる。戦前戦中、天皇は神でした。

一月号への投句は十一月十日締切ですから、開戦にかかわる句は急ぎ同人から集められた特集企画です。その中から四句。八百万の神がいる国らしく、まずは神頼み。

鉄壁の備へと更に神風と 柳澤花泪
神ゐます日本を知らぬ包囲陣 永先芽十
太平洋今ぞ鎮めむ神の国 江原水咲
日本の朝を歴史の兵進む 岸本水府

この号の「番傘川柳　同人吟詠」には、前述の締切日の関係で、ただひとりを例外として日米開戦の句はない。その例外は、

日米開戦ラジオを聴きに二里の道　在満　柴田午朗

満州から開戦に関する句が印刷間際にぎりぎり届いたという感じで同人吟詠の最後を締めています。この他にもそれらしき句はありますが、締切日からみてこの時代の雰囲気だったのでしょう。日中戦争、そして第二次世界大戦の中の、「大東亜戦争」でしたから。

眦《まなじり》を決して起てば日本人　小西落丁

この空のいろ世界中いくさする　川崎銀甲

婦人科医なのに軍医として召され　礒野いさむ

戦まだ続く五歳の児をながめ　西宮　奥田柳人

日常的に世の中の雰囲気が戦闘状態にあったことがわかります。その戦闘状態の中に、変わらぬ日常生活もありました。

叱られて寝る子が閉めてゆく襖　木下愛日

食ふ物を食へば出て行く男の子　御影　長崎柳秀

聞いて来た通りふくれぬメリケン粉　大阪　勝間啓三

おゝこゝに居たのか軒に三輪車　　吹田　松井沈塵

そして出征兵士の投句欄「陣中柳多留」には、開戦のラジオを聞きに二里の道を往復した満州で兵役についていた柴田午朗さんの「消灯ラッパふるさとも灯を消す頃か」や、同じく満州の柿本肥兒さんの「鍋釜を担ぎ行軍十四五里」の句がある。歌の文句にもありますが、ほんとにほんとにほんとにほんとにご苦労さん、としか言い様が無い戦地の兵士たちです。

一方、関東の**「川柳きやり」一月号**も「番傘」同様に盛り上がっています。「宣戦の大詔を拝す」と題した十一句、そこからの四句。

熱誠は火と燃え吾も火の一つ　村田周魚
捷《(か)》つ春だ氏神様に祈るもの　中西千周
快哉を心に叫びラジオ聴く　伊藤瑤天
宮城へ醜の御楯の旗の波　阿部佐保蘭

「醜《しこ》の御楯《みたて》」とは、国民が天皇の楯となって外敵を防ぐ、ということで、万葉集巻二十（四三七三）「今日よりは顧みなくて大君の醜の御楯と出でたつ吾は　火長《くわちやう》今奉部《いままつりべの》與曽布《よそふ》」からとられている。

国民が守るのは、この時代、神であった天皇で、神様がやられたらおしまいだという感覚だったのでしょう。
「昭和十七年度は如何なる歳であり、如何なる意義を有する秋《とき》であるか今更云ふまでも無い、米英を叩きのめして、大東亜新秩序建設を実行する歳である」（明窓独語　村田周魚）、さらに、「吾ぞいま神につながる進軍譜　村田周魚」と、もう、めいっぱい盛り上がっています。それだけ、日本中が初戦の勝利で昂揚していたことの証しです。

初詣怒濤万里の友想ふ　東京　八十島杜若
万歳が一家に湧いた大戦果　東京　磯部鈴波
一キロの餅に新春強い国　東京　田中青風
双六の絵も勝鬨を挙げる兵　東京　長谷佳寶
三本目もう米国は敵でなし　◯丸《れいがん》

いつの世もアルコールが入ると昂揚します。世の中が昂揚していますからなおさらです。お銚子も三本目になるともう、米国がなんだ、矢でも鉄砲でも持ってこい。戦地からは、「銃執れば妻も子もなし故郷もなし」と勇ましい◯◯の中村鐵兜さんも兵営に戻ると「ローソクの灯子供の写真見る」というやさしいお父さんに戻り、食事当番のやはり◯◯の野村圭佑さんは「南無三宝蓋を取る手に飯の出来」。それまでは炊事などはしたことがない男たちが、兵役から戻ると、料理、洗濯、針仕事が得意と変身した。大きな戦争が始まったとはいえ、まだ始まったばかり。

追つた鳩飛んで可愛い児の瞳　足利市　大手陣水

家中を笑顔にさして孫は匍ひ　平塚市　渡井夜鶴

と戦争の影を消すと、いつに変わらぬ平和な日常もありました。作者は意識的に戦争の影を消していたのかもしれませんが……。

2　多少の余裕もありました

1942
2月

さて、確かに統制は始まっていましたが、**「番傘」二月号**表紙裏の広告「大阪市民・芸能文化の修練道場　松坂倶樂部」には、「お稽古科目　書道、畫道、茶道、華道、料理、手芸、短歌、俳句、川柳、謡曲、新古舞踏、長唄、清元、常磐津、小唄、箏曲、尺八、ピアノ、ギター、声楽、碁と将棋、操り人形、音楽鑑賞……ほか」と、当時の趣味の世界が全面展開で、本当に戦争なのですか、という感じです。どこかから、こんなに浮かれていていいのか、ピッ！　教育的指導！　となったのではないかと想像します。十二月号、新年号、二月号と続いて掲載されていたのですが、この広告、三月号から消えました。
この号では「皇軍感謝」（完勝祈念皇軍感謝川柳大會詠草より）の句、

日の丸をたてるいのちを伏拝む　流水

他全二十八句が陸軍へ、

東郷ありいま山本に勝つ日本　舟人

他全三十一句が海軍へ捧げられ、つづいて同人吟他が並ぶ。

心すれば冬の水にも飛込める　小田夢路
靴下を履いてぬやうな色流行る　小田夢路
モンペ服閑な亭主がはいてみる　三浦秋無草
童話本にも配給といふ活字　小川舟人
信ずれど耳をうたがふ大戦果　吉田岱石
お召待つ心日本人の心　春岡洋士
刻にも二合三勺にも慣れて　武田笑門

まゝ事も配給切符で買ひに来る　　　中西（金岡番傘川柳会）

小田夢路さんの句は七句掲載のうちの二句で、この間に三句はさまれています。その三句をはさんでの、建前と本音。本音が目立つと検閲の目が気になる。建前の句も入れて、作者も選者も大変だったのではと想像します。兵として召集されることを心待ちにする。「開戦時」の日本人の心です。また、刻《きざみ》は煙管用の「刻み煙草」、紙巻き煙草が少なくなって来たせいでしょう。二合三勺は米一日の配給量。宮澤賢治の昭和六年（一九三一）の作「雨ニモマケズ」に「一日ニ玄米四合ト味噌ト少シノ野菜ヲタベ」の一節がある。この時代、兵士の主食は一食麦飯二合だった。米をエネルギー源とし、味噌汁と少しの副食が普通だった当時の一般労働者にとって、米が一日に二合三勺とはどういう量なのか、慣れたといっても腹が減ります。そして世の中の状況はこうなってきます。

鉄筋が二階できれた青写真　　　張家口　山崎小鮎

いつからか紅を忘れた薬指　　　別　府　成貞可染

そしてこの時代、人間はこうでなくてはいけないと教育された結果は、「よく死んだ"つと写真に見入る父　防府　昔柳」という句になっている。しかし、この句から、父の背中が震え、心に涙をいっぱい感じ取った人もいたのではないだろうか。

與謝野晶子は日露戦争中の「明星」（明治三十七年九月号）で「君死にたまふことなかれ」（旅順口

包囲軍の中に在る弟を歎きて）を詠んだ。それからわずか、三十八年で、「死にたまふことなかれ」から「よく死んだ」となってしまう世の中にしてしまった政治と軍国教育の怖さ。與謝野晶子も時代の流れの中で息子の出征に際しては「水軍の大尉となりてわが四郎　み軍にゆくたけく戦へ」（昭和十七年　白櫻集）と詠まざるをえなくなっていったのです。「番傘」四月号には「東天を拝し訓示は死んでくれ　鳥語」という句も出てくる。各地の番傘川柳会の句も戦の影が濃い。

長男は戦地次男は軍需工　秀治（東京番傘藤柳会）
国難へ連想がくる木炭車　迷路（福井番傘川柳会）

木炭車＝代燃車＝ガソリンの代わりに、木炭や材木を燃やしたガスを燃料とした自動車。前年十月に乗用車のガソリン使用禁止になっていますが、それ以前からバスなどが木炭車に改造されていて、馬力のない木炭ストーブを背負った自動車という感じです。

「川柳きやり」二月号から時代を思い起こさせる句をひろってみます。

朝々のニュース勤めの身に愉し　埼玉県　清水美江
竹垣になつた日比谷へ続く春　東　京　阿部佐保蘭
遺書に似て日記はげしき征く前夜　埼玉県　山崎凉史

尋一の声警報の闇までも　熊本　藤本水源
配給となつて昨日も今日も烏賊　世田谷　高橋愛子
見栄もなく芋の包を抱へる娘　岐阜　藤井紫朗
聖戦へ再度のほまれ兵は征く　青森　新田一二三
大東亜戦争と呼ぶ皆戦士　本所区　荒井鶴雲

開戦直後の速報に続いて、ハワイ海戦詳報の見出しが紙面を飾ります。「海戦史に空前の大戦果」「米太平洋艦隊全滅す」「戦艦九隻を撃沈破砕　巡艦八隻、敵機五百潰滅」「我特殊潜航艇　真珠湾に決死突入」「旭日旗、太平洋を制覇」（十二月十九日、大阪朝日）。

「尋一」って？　昭和十六年四月に「国民学校」と改称される前、「尋常小学校」とよばれていた頃の一年生の略称。急に国民学校と変えられて「♪国民学校一年生」と歌われても、そう簡単に長い習慣の「尋一」は「国一」とはならなかったか。読む「声」は音読の一年生です。当時、兵士になる事は名誉で「家のほまれ」でした。

また、本社句会の「新女性美」の題に、「日焼した顔へ愛婦の旗静か　星文洞」、徐州句会に、「襷巻の下に国婦の白だすき　寛延」という句がありました。愛婦は愛国婦人会、国婦は大日本国防婦人会の略称です。これらが統合され、昭和十七年二月に大政翼賛会の下に大日本婦人会（日婦）が結成された。

十二月十二日、閣議で戦争の名称を、支那事変を含めて大東亜戦争と決定。そんな世の中に、ひっそりと小さく一段二行見出しで「施行細則けふ公布」、さらに小さく「言論等取締法」（十二月二十日、東京朝日）。これは「戦時下治安確保の万全を期する言論出版集会結社等臨時取締法が二十一日施行の予定」という二十三行の記事。あからさまに、国民を、見ざる言わざる聞かざるにしてしまう法律ができた報せです。

「女の知恵袋」と題する近藤幸詩さんのエッセイは『忍び難きを忍び耐へ難きを耐へ、との国民性の忍耐力も徒らに「日本闘志なし」と解す常識的にも判断でき得ぬ米英両国の前には……』と始まる。ん？　これはポツダム宣言受諾の玉音の文句の先取り……、のわけはないですね。開戦直後の十二月十六日に開かれた帝国議会、東条首相の施政方針演説、開戦に到る説明の中で使われた言葉でした。開戦時のこの言葉がめぐりめぐって、敗戦時にまた使われるとは、まさに因果はめぐる……です。

3　快進撃、勝利報道に酔った数カ月……

1942
3月

「英・東亜侵略の牙城覆滅　香港全島陥落す」（十二月二十六日、大阪朝日）、「マニラ陥落今や目睫《もくしょう》　敵、バタン半島へ潰走」「英軍の過半潰滅　クワンタンの敗敵を猛追　マレー戦線」「蘭領内へ遁走　ボルネオ防備の英軍」（一月三日、東京朝日）。

年末から年始にかけての香港、マニラ陥落に続いて、「全マレー半島を制圧」（二月二日、東京朝日）、「米蘭聯合艦隊壊滅す　ジャバ沖に歴史的大海戦」（二月七日、東京朝日）、さらに二月十日には「シンガポールに敵前上陸」となり、十二日「シンガポール市街に突入」、二月十五日、シンガポールが陥落。「敵軍、わが軍門に降る　遂に無条件で屈服す」（十六日、東京朝日）ということで、**「番傘」三月号**の巻頭に同人の祝吟がならんだ。

「祝新嘉坡陥落」

海賊の本拠を神の矢が射抜く　小西落丁

陥落だ旗だ万歳だ隣組　中村静城

新嘉坡（シンガポール）十五日陥落、早くも十八日付東京朝日夕刊に『「昭南島」と輝く日本名新嘉坡島を改称』の記事が。番傘川柳の同人吟でも勝利の句が目立ちます。

しかし、バンザ〜イ！　バンザイ！　勝った！　勝った！　大勝利！　の興奮もそう長くは続かなかったようです。たしかに大勝利の報道は続きますが、生活に勝っている実感が伴わなかったせいでしょうか、川柳家の心も冷静さを取り戻して来たようです。「勝つ国」と題した主幹岸本水府の句は「女たちも屋根に梯子に勝ちぬかう」とかなり冷めてきたようにみえますし、そう喜んでばかりはいられないという句も見られるのです。「千人にあと十針ほど鬢《びん》の雪　川崎銀甲」*。急激に戦の影が生活を覆い出します。

上の子が女なればと母が病み　博多啄舟

生活へ軍歌がひゞく長期戦　吉田岱石

五五三などと昔は云つたもの　大阪　廣瀬梔子

五五三《ごごさん》＝日本料理の膳立ての法式の一。七五三《しちごさん》のうち、七の膳を略して五の膳としたもの。本膳に飯を入れて五種、二の膳に五種、三の膳に三種の料理を出すもの。それが、今では、一汁一菜のまるで禅の修行僧の食事のような……という嘆きが聞こえます。地方支部の句会報告「各地句報」にこんな句が。「赤ちゃんの名にも戦時が窺はれ　一馬　丸亀信用川柳会」。忠、孝、勝、勝利などの名前は、昭和十年代生れに多い。小、中、高と、私のクラスにはこの名の同級生が必ずいました。

そして、「陣中柳多留」は現実をしっかり見据えているようにみえる。

大東亜戦のなかの粟粒ほどの俺　満州　柴田午朗

平和とは河をはさんで魚を釣る　満州　谷　克美

戦場での実感。河をはさんで撃ち合うのが戦争、「あ、向こう岸は釣れたみたいだ」「こっちは当りはあるんだが……」が平和、まさに戦の現場からの真実です。

「川柳きやり」三月号も同様に平常心になってきたようです。大人は戦争、子どもたちは戦争ごっこの日常です

ゴルフ場までも出来てる占領地　○○島　麻生進峰
誕生の我が児の写真頬そつと　○○隊　高橋　一
召され来てしみ〴〵泣いた母の筆　○○嶺　矢島冨士榮
靴下へ衣料切符の使い初め　東京　長谷佳寶
働いて鰯二匹の夕餉する　岐阜　高井夕起夫
兄弟のみな大将に成る決意　琴月
母ちやんを見つけ部隊が一人減り　呵樓

勝利報道の間に、「味噌、醤油を割当配給　十日から暫定的に実施」（一月八日、東京朝日）、二月一日から本格的に実施される前提で、十日から三十一日までの分が配給。一人当たり味噌は百五十匁（約560g）、醤油二合（360ml）。一月二十日、「衣料に点数切符制　来月実施　今月中は小売禁止」（東京朝日）という記事も出た。繊維類、和服類、洋服類、朝鮮服類、作業被服類、肌着

及身廻用品類、運動用品類、家庭用品類に八分類され、それぞれに細かく分けた点数表も発表された。二十二日には「衣料切符　質流れにも必要」、二十九日「衣料点数切符　使用心得帖」という囲み記事も出て、ちょいと混乱気味です。いわし二匹？　百円の楕円形のイワシの味付けや味噌煮缶は中にいわしが二匹か三匹。

1942 4月

「番傘」第四号（この月から、月号ではなく「三十一巻・第四号」という表記に変わり、昭和一九年の三十三巻第二号から「二月号」と「月」が復活）からこんなことが見えて来た。召集を受けた人、誰かが出征している家、様々の人生の予感。火叩きとは、長い棒の先に、三十〜五十センチほどの縄の束を付けた大型のはたき様のもので、縄の部分で焼夷弾の火を叩いて消す防火用具のことです。陰膳とは旅などに出た人の無事を祈って、留守宅の人が供える食膳のこと。勝ち過ぎた後は大負け、というジンクスが気になります。

現実は赤い襷《たすき》＊が枕元　加藤勝久
砲弾の花火が匂ふ文楽座　戸奈巳之介
どの辺にをるかと思ふ世界地図　藤井平八郎
火たゝきを振つてよろけて母をかし　京　都　上柿雨山
陰膳の主は赤道下で達者　張家口　山崎小鮎

これ程も捷つて好いのかニュース済む　高知　中澤濁水

戦争に征くと言ふ子を膝に抱く　横田　新出谷一聲

兵士は戦場を選べない。召集されたあとは、戦場にたどり着くまで、目隠し状態。で、配属先が北か南かでどう違うかというと、こうなる。

正月へ椰子の枯葉で煤掃ひ　仏印　眞木浪星

コチ〳〵の飯山腹の監視哨　満州　岡田雨音美

仏印は旧フランス領インドシナ（現ベトナム）。一方、巷の庶民にとっては、こういうことが日常的になって、困ったことでした。

孝行をしたいがみんな切符制　渓々（三月句会）

前年（昭和十六年）四月、六大都市で米穀配給通帳制・外食券制、家庭用木炭配給通帳制・酒切符制を実施。東京市が砂糖・マッチ・小麦粉・食用油の配給切符制を実施。そしてこの年（十七年）二月一日、味噌・醤油切符制配給実施に続いて前述のように衣料にも点数切符制が実施された。一人一年に都市百点・郡部八十点。背広三揃五十点・着物袷四十八点・ワイシャツ十二点・手拭タオル三点・足袋二点・靴下一点など。点数さえあれば好きなだけ買えたわけではなく、足袋・靴下は、都市で六足、郡部四足までという制限もあった。

溪々さんのこの句のように孝行したい気持はやまやまなれど、買いたいものが買えないという文字通りの不自由、お手上げの生活です。

情報欄「あれから」に「蘭印軍の無条件降伏ラングーン*の陥落と捷報しきり、……」、そして「編輯後記」には「後記の筆をとる今日、皇軍はアンダマン*に奇襲上陸、英軍を無条件降伏せしめてゐる。そして今ラジオは虎造の浪花節を放送してゐる。……」と。報道によると日本軍は勝ち続けていたのですが……、日常生活は不自由になるばかり……。

「川柳きやり」の四月号からひろった戦と戦の影、まずは戦線の「陣中作品」、そして日常茶飯、雑詠集へ。


日の丸の旗が咲いてる支那の街　○○隊　川端英策

初弾出るまで心臓の鼓動する　○○丸　麻生進峰

従兄の遺骨還る
体格のわりには軽い白い箱　東京　菅野十思

チヤイムから軍歌に続く素晴らしさ　千葉　鈴木哲茶

蒸芋へ顔々々の真剣さ　本郷区　石村凡笑

売切の札しるこ屋へ陽が高い　足立区　金子巨人

お砂糖が増配になる記事目立ち　世田谷　高橋愛子

遺骨抱く弟も又甲種の身　小樽市　伊藤一瓢

ラジオのチャイムは臨時ニュースの報せ。続いて「分列行進曲」が流れたら陸軍、「軍艦行進曲」は海軍、陸海共同の戦果の場合は「敵は幾万」が流れた。砂糖は昭和十五年から配給となり、家庭用砂糖はひと月一人当たり、六大都市は〇・六斤（360g）、市部は〇・五斤（300g）、郡部〇・四斤（240g）だったが、「お砂糖の〝宝船〟拿捕、接収の敵国船で続々輸送　紀元節頃には増配」（二月二八日、東京朝日）という記事が出た。この時は台湾からの砂糖で、増配はそれぞれ、〇・四斤、〇・三斤、〇・二斤の増量で、一人当たり六大都市は一斤（600g）、市部〇・八斤（480g）、町村〇・六斤（360g）になった。業務用は別扱いとはいえ、軍事優先の戦時下で輸入量が減少、汁粉屋さんが作る量も限られ、すぐ売り切れという状態だった。とはいえ、まだ、あるところにはあり、商売ができていたようですね。

この時代の刷新とはどんなものか。「生活刷新」の題で詠まれた句からどう刷新されたのかを見てみます。

継ぎに継ぎ当て丶家中勝ち抜く気　瓢琴
藷粥に目刺に隙のない暮し　可香
凍傷も見せて下女なき主婦となる　美江

こういうことが「刷新」となりますんでしょうかなどと言うと、「この非常時になんということの非国民め！」となってしまうので誰も言い出さなかったのでしょうが、出来る事なら刷新したくない、刷新して欲しくない、が本音だと思います。周魚さんの「海月堂句箋」の中の一句、「春宵の一瞬過去の幸を知る」から、「どうもひどい世の中になってしまったなあ」というつぶやきが聞こえるのですが、空耳でしょうか。

「動静」欄に「安武雀喜（在米社人）北米ヤキマ収容所へ拘禁されてゐる事判明、他十一社人、読者百五十余名不明。」。在米日系人は財産没収のうえ強制収容所行きでした。

1942 5月

開戦から三カ月あまり過ぎた頃の状況はどうでしょう。掲載句に詠まれたのは二、三カ月ほど前の事柄です。**「番傘」第五号**の同人吟から。

徴用の目のふち染めて姉の家　木下愛日
敵性の名は消え喫茶軍歌鳴る　加賀佳汀

夕月に関心のない人通り　博多日華
祭壇に話かけたい灯がゆれる　勝野竹糸
一点はまづ繕ひの糸を買ふ　梶原溪々
大阪が淋しくなつた餡の味　和田木圭

時事川柳誌「瓦版」22号（昭和三十六年二月）の「時事川柳回顧」で水府さんはこの「餡の味」をとりあげ、「特高で叱られた句の一つである」と書いている。次のはじめの二句は課題吟「覚悟」として詠まれたもの。当時は肯定的事柄だったのでしょうが、こういう覚悟は勘弁ねがいたい。

喜んで死ねる覚悟に育てられ　大牟田　しかを
征きますはみづくかばねとなる覚悟　大阪　萬年
兵隊の神となる時母を呼ぶ　大阪　平井與三郎
昭南市紀州の辺にありさうな　魚崎　谷口寒草
昭南島この名で呼べばつひそこら　岐阜　今井鴨平
駅弁の蓋のその絵も戦つて　大阪　近藤竹馬
二十点覚悟を決めて妻と出る　大阪　林　正治
六点の呉服女へ春が来る　東京　川上木間暮

母を呼ぶ。「天皇陛下万歳！」と叫んで兵士は死ぬと言われたように記憶していますが、これが真実だ、というこの句は特高に叱られなかったのでしょうか。シンガポールは昭南島、昭南市となりました。衣料購入にいざ出陣、二十点はセーター、六点は半袖のシャツ。
戦場から加藤勝久さんの「比島戦記」二句。北から南から陣中柳多留が届く。

椰子の葉をちぎる弾丸から夜が明ける
教会に比島文化の端を見る
春が来た氷の底の水の音　満州　柴田午朗
共栄圏*此処は裸で暮す国　南支　安部百羽

「三《ママ》月十八日、我が本土は初めて敵機の空襲をうけた、しかし我等の防空陣鞏固にして招かぬ客、忽ちにして退散。」と情報欄「あれから」に。「我が猛撃に敵機逃亡」（四月十九日、東京朝日）の見出し、東京、名古屋、神戸、和歌山が空襲された。「けふ帝都に敵機来襲　九機を撃墜、わが損害軽微　東部軍司令部発表（十八日午後二時）一、午後零時三十分ごろ敵機数方向より京浜地方に来襲せるも、わが空地両航空部隊の反撃を受け、逐次退散中なり、現在までに判明せる敵機撃墜数は九機にしてわが方の損害軽微なる模様、皇室は御安泰に亙らせらる」（十九日、東京朝日・夕刊）

と、初空襲のことは報じられたが、犠牲者が出た事など詳報は禁じられていた。徳川夢声の「夢声戦争日記」の四月十八日の註に「……小説を書きかけていたが、空襲の最中、急に思いついてその光景をとりいれ、本邦最初の被空襲文学を書いたつもりで得意になっていた。すると数日して、今回の空襲に触れた文字は、一切誌上に載せることまかりならぬと命令が出て、私の小説はゲラ刷りまで廻ってから没になって了った」※。

二〇一二年四月十六日付東京新聞朝刊の「本土初空襲から70年　爆心地の記憶風化させぬ」という記事の日本本土初空襲の解説によると真実はこうだった。「爆弾3発と焼夷（しょうい）弾70発以上が投下され、10人が死亡、重軽傷者48人、全焼全壊家屋52戸、半壊半焼家屋14戸の被害を出した。」この荒川区尾久の他、北区、文京区、新宿区と爆撃され計三十九人が死亡。

「川柳きやり」の五月号です。

戦争はこれから耐ゆる事多し　想夢庵

レストラン金髪派手にビール飲み　仏印　横田映岳

姑娘《クーニャン》の素足へ春の砂ほこり　〇〇隊　戸田雨花楼

勝ち進む日々ベイゴマも瀬戸の音　東京　菅野十思

兄の長女入学

奉安殿ヨイコに成つたぼんのくぼ　　埼　玉　大塚劍狂兒

ベイゴマまで代用品の瀬戸物になってしまいました。奉安殿＝天皇と皇后の写真（御真影）と教育勅語を納めた建物。この建物の前では神社に参拝するように、深々とおじぎをしなければならなかった。深々とおじぎをすると、ぼんのくぼが見えます。私にもおじぎした記憶があります。「どうして？」「ここではそうするの」とおふくろ。まだ戦前をひきずっていたのですね。敗戦後間もなくの市役所の前。奉安殿が壊されたがれきの前でした。四歳の幼児にはがれきの山に見えました。

バーの棚まだ敵性の洋酒瓶　　台　中　高山武士

大本営発表妻も子も黙り　　山口県　三原狂路

昼休みキヤツチボールに軽い汗　　新義州　高木滿山

日本は勝つ伝統を子も信じ　　台北市　土田包空

そうなんです。大日本帝国は神の子孫天皇の治める神国であり、事あると神風が吹いて国を救うと教えられていたのです。一方、地方都市の銃後には、まだ平々凡々の日常もあったことが「各地句会」の句からうかがえます。

友訪へば配給の酒買つたとこ　窓人　川柳瑞穂の会（福岡）

1942
6月

「番傘」第六号です。勝利感から一服という感じでしょうか。

恋なんか常用漢字から抜かれ　小田夢路
溝板の音なつかしき街となり　深野吾水
白状をしますす甘さのサツカリン　日下部舟可
押入に色気は潜む三味を掛け　岸本水府
市場籠財布の中に印を持ち　浦和　清水美江
醸造工業も新材料を使用
代用品時代の顕微鏡を拭く　阿波池田　上田笑平
大本営発表の数血の数字　大阪　清水澪標子
故郷へつゞく海なり飽かず見る　大連　小西呼春

歴史年表によると、国語審議会が常用漢字の審議中で、六月には標準漢字表を答申した。腐りやすい木材から鉄製に替えられた都市のドブ板は金属回収のために、もとの木の板に戻りました。下駄とドブ板、懐かしい音の復活。サッカリンは人工甘味料。甘味が強いせいか、サッカリンそのものを舐めたら苦かった記憶があります。何でもかんでも認め印が要る時代になりました。十八年二月号の「川柳きやり」で巨郎さんも、ムッと来た気分を句にしています。金属の代用に陶器、だけじゃなく甘味料も、そしてお酒も代用品の合成酒の時代になってきました。呼春さんの句からオーティス・レディングの「ドック・オブ・ザ・ベイ」が聞こえてきました。時代も状況も違うんですが……。

「川柳きやり」の六月号巻頭の大政翼賛吟は「健・民・運・動」。五月一日から厚生省主唱の「健民運動」強調週間が始まった。産めよ殖やせ。「昭和35年内地人口1億突破を期す」というポスター約二万枚が配布された。翼賛吟からの二句と海月堂句箋の句。

二食主義かへつて肥ることを知り　平賀紅壽郎

たゞ一つ病ひを知らぬ体もつ　菅野十思

妻病みて

一合の牛乳に手を合はす日々

エッセイ「明窓独語」に「社人諸君や柳友の身を以ての親切、病妻の友達が一晩も着たまゝで病床を見守り明かしてくれた親切、……神仏の加護を祈念しお百度まで踏んでくれた親切に、重病患者に対し牛乳一合を受ける手続きに一日を要する今日に比べて人知れず泪を拭つた。この有難味は文字の上や口に出ぬ有難味以上の文字が欲しいと思つた……。合掌……病妻の枕元にて……」と。

一字の相違

戦争からちょっと離れて、短詩型文学の「こつ」です。「番傘」昭和十七年六号の小田夢路さんの初心者指導欄「作句道場」の解説「道場の窓」にありました。

▼短詩系の文学に一字の相違が如何に大切であるかと云ふ実例は「はがでのにをと」の用途に最もよく出合ふであらう。／　春の来た喜び　／　春が来た喜び　／を比べて見ると、その云つてゐることは同様であるが、それから受ける感じには相当の開きがある。即ち、前者は柔か味があり、後者は角のとれて居ない感じを受ける。「が」と云つた濁音は「か」の清音を重く呼ぶが如くして出るものだと言海にも云つてあるやうに、この場合重くるしい感じを受ける訳である。…▼一字違ひのことで思ひ出した昔話があるので参考までに附記すると、「洗濯の前に蛍が二つ三つ」と云つた句を見た。評者が「この蛍は死んでゐる、それが生きてゐる蛍なら　洗濯の前を蛍が二つ三つ　と表現しなくてはいけない」と云つたとのことである。たつた一字の「に」と「を」の違ひが、こんなにまで大切であることの面白い例であらう。

まさに「健・民」を心がけねば命を失いそうな時代です。

空襲は絵本にあつたあのマーク　東京　阿部佐保蘭

四月十八日東京中央電信局にて

空襲警報オペレーターの瞳が光り　千葉　鈴木哲茶

「南の空の下に　―落下傘部隊の笛二郎手紙から　戸田雨花樓／私の弟である笛二郎はいま赤道直下のある島にゐる。（略）／兄さん、軍機が解除されたので私の戦闘談をお報らせいたします。／昭和十七年一月十一日、日本最初の海軍落下傘部隊が赤道直下の蘭領セレベス島に奇襲降下した記事は、兄さんももうとつくに知つてゐることゝ思ひます。／その部隊が私の部隊であり、私もそのうちの一員として降下したのです。（略）」。

この奇襲降下のことは歌になりました。「曲として忘れ得ぬものに、一九四二年（昭和十七）四月ビクターから出された『空の神兵』（梅木三郎詞・高木東六曲）がある。これは、この年の一月にセレベス島メナドに降下した海軍落下傘部隊や、二月に南スマトラの敵地パレンバンの敵陣まぢかに降下強行着陸して大戦果を上げた陸軍挺身隊等のパラシュート部隊をうたったもの。*」

藍より蒼き　大空に　大空に／たちまち開く　百千の／真白きバラの　花模様／見よ落下傘　空に降り／見よ落下傘　空を征く／見よ落下傘　空を征く

さらに、記録映画「空の神兵」の主題歌にもなりました。そして、ヒットしたこの歌を歌いながら、でもなぜか、あまり盛り上がれない気分でいたのではないでしょうか。世の中の雰囲気はこんなでした。

嫁ぐ娘を中に点数割つて見る　中野区　皆川一粒
切符制世に出る祖父の格子縞　小石川　合田笑字坊
花の山酔ふ人も無く風に昏れ　淀橋区　越村眞茂留

本社句会の題「似たもの夫婦」にある「女房も好きで来てゐるネット裏　隆之介」の句から、敵性球技の最たるものながら、野球は人気に支えられてまだ生き延びていることが分かります。五月号では新義州の高木滿山さんがキャッチボールしていました。

四月十八日の初空襲の影響で、「全国各地柳界の句会開催に際し空襲警報中は勿論、警戒警報中も句会を中止する旨各社共に実施す」と告知が出された。

4　欲しがりません……、欲しくても物がない

1942
7月

「番傘」の第七号です。戦争協力の大政翼賛体制で、画一化されてしまった世の中です。協力しなければ紙の配給ストップで雑誌は即時廃刊。さらに、日本文学報国会が組織され、文学が丸ごと翼賛体制に取り込まれてしまった。「作句道場」の選者・小田夢路さんが「道場の窓」で時代の雰囲気を嘆いている。「……大東亜戦争下の今日、思想関係とか、防諜関係から余程注意して作句せねばならなくなつてゐるため、お互がその安全を期するの余り、作句範囲をいよいよ狭く考へて、あれもいけない、これもいけないと恐れすぎてゐる傾向さへうかゞはれて、選者は益々むつかしく戦時下と云ふ広い意味の題詠の選をしてゐるやうなもので、自然厳選せざるを得ぬので困つてゐるのが本当のことである」

そういうわけで、番傘の中心メンバーである同人の句も、安全を期するの余りか、どこか引いている感じも……。

エスと呼ぶ犬うろついて純喫茶　　山田菊人

おすそ分けひもの二ひきを喜ばれ　梶原溪々
編輯部カット使つたのも昔　内藤凡柳

純喫茶というのですから、当然、不純喫茶もあった？　昭和三十〜四十年代、「同伴喫茶」という看板をよく見かけましたが……。警察用語で「エス」は内通者、スパイで、「犬」もスパイなのだそうです。経営者の愛犬エスがただうろついていたのでしょうか、ちょっと来いと特高に呼ばれそうな気もしますが。金属類は戦争専用の時代。製版で金属を使うカットも写真も自粛し、タイトルを活字と罫線で作り、たまの特集に写真版一枚。生活も雑誌もしみったれてきました。こういうのが清貧を目指すとか言って誉め称えられていたのでしょうか。一般投句の「番傘川柳」はこんな感じです。

配給の豆腐と肉がかち合はず　大阪　田中南都
応召の汽車から見えた母の旗　東京　合田笑字坊
炭わける組長黒い日曜日　大阪　角尾月兎
水と砂火叩き梯子無事に暮れ　宮津　糸井千代女
美しいモンペと出会ふ祇園町　京都　野村菊之助
小包の紐切る鋏叱りつけ　今治　花岡鬼外

炭をわける組長は、その筋の組長ではなくて隣組の組長です。で、この数年前に流行り、この歌を聴いて自殺者続出と世界的に話題になったシャンソン、ダミアの歌う「暗い日曜日」にかけています。日本でも淡谷のり子でヒット。物が無い時代です。紐は切ってはいけない。ほどいて使い回すのです。水・砂・火叩き・梯子は防災の四種の神器でした。梯子は、町内には必ず備えられていて、その梯子に子どもがからむとこうなります。

登らせて呉れと梯子に子が縋り　　大阪　日月

或る時の梯子は子供汽車となり　　神戸　杏花

叱らないから降りて来い梯子の子　　大阪　澪標子

当時の民家はほとんどが木造平屋か、せいぜい二階建て。火災はバケツリレーで、最後は梯子に上って水をかけ、という算段でした。しかし、猛訓練にもかかわらず、実際の空襲では……、梯子が出るまでもなく、よく焼けた、と。各地句報にこんな句をみつけた。

玩具屋の前で軍服駄々をこね　　いさむ（福井足羽山吟行会）

この時代、七五三の男の子の晴着は軍服が主流。去年のか、または兄さんのお下がりか。告知欄「あれから」に「六月、北太平洋の雲霧が晴れ渡るとみるや、疾風の如くアリューシャン

お稽古の広告（「番傘」昭和17年2月号）

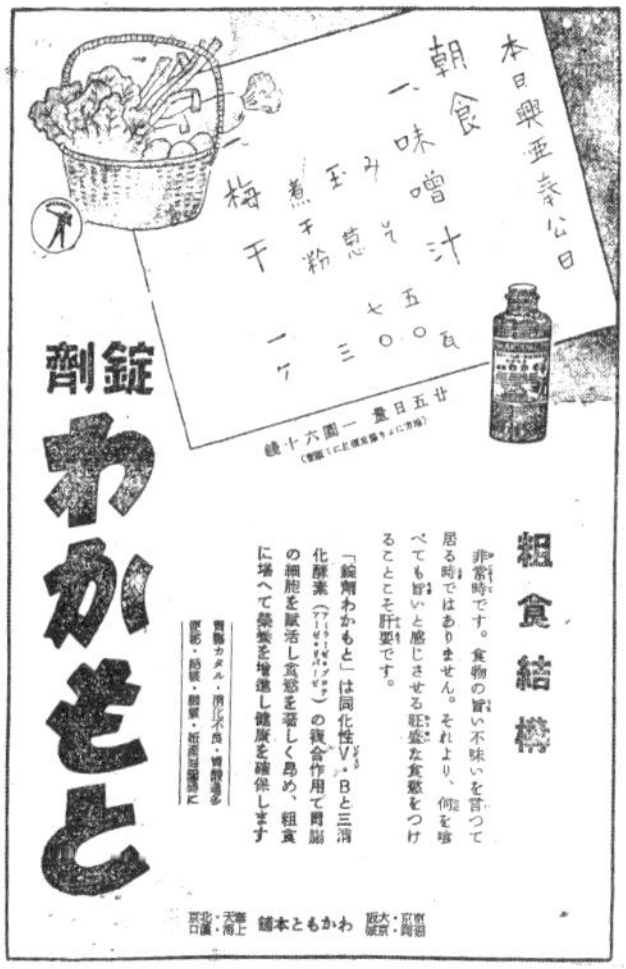

広告の中の興亜奉公日（「川柳きやり」昭和16年12月号）

弾丸切手の広告（「同盟グラフ」昭和18年3月号、同盟通信社）

木炭で走るバス（昭和館蔵）

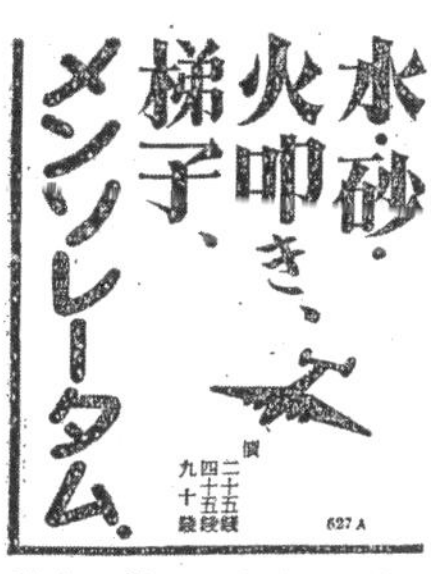

防火の備えを広告に（「番傘」昭和17年7月号、11月号）

要衝の攻略なり、更に東ミツドウエー島強襲における大戦果は報ぜらる。この感激に我等は梅雨の憂鬱を一挙に吹き飛ばして、銃後の守りに万全を期す」と。

「東太平洋に新作戦・敵拠点を覆滅　アリユーシヤン列島・ミツドウエー島強襲」「列島の諸要衝を攻略　米航空母艦二隻を撃沈」（六月十一日、大阪朝日）、「ミツドウエー沖に大海戦　アリユーシヤン列島猛攻　陸軍部隊も協力要所を奪取　米空母二隻撃沈　わが二空母、一巡艦に損害」（六月十一日、東京朝日）と大見出しで報道された。我が方損害、航空母艦一隻喪失、同一隻大破、巡洋艦一隻大破とあるのですが、なぜか大本営海軍報道部は「〝刺違へ戦法〟成功」で「わが損害は軽微」と。勝った勝ったの実際は空母四隻を失い、以後、敗戦の道をたどるきっかけだったとは、報道管制下の国民は知る由もない。

「川柳きやり」七月号の巻頭は「弾丸切手　戦時郵便貯金切手」と題し、「弾丸切手職場で銃をとる心　狩野苦労人」他十一句が並ぶ。「買つて奉公　当れば果報／毎月八日の大詔奉戴日から八日間郵便局で売り出される貯金切手は戦時郵便貯金切手と云ふのだが一名弾丸切手と呼ばれて居る、このお金は国債消化の資金となるのであるが十一枚に一枚の割で割増金が附けられてゐる、抽籤ずみの切手は五年間据置てから受けとれるが、五枚以上そろへて局へ出せば特別据置貯金證書と引換へてくれる」という弾丸切手でしたが、敗戦で紙くずになってしまいました。

さらに「文学報国会の設立に寄す」というこういう記事もある。

『新世界観を樹立せよ　大東亜戦争と文芸の使命　情報局次長　奥村喜和男　◇……近代戦は総力戦であるといはれる、大東亜戦争はその意味で、単に武力戦のみならず、経済戦、宣伝戦、思想戦、文化戦の全面にわたる一大綜合戦だといはれてゐる、そこでその思想戦、文化戦に特に関係の深い文芸家の方々が、強力な一元的団体を組織され、その総力を結集されるといふことは、物的人的のすべての力を、戦争目的に集中するといふ総力戦の立場からも必要な措置といふことができるのである（略）』ということで、五月二十六日「日本文学報国会」が創立され、六月十八日、日比谷公会堂で発会式を挙行。文学も戦争目的に集中ということになってしまった。集中しているかどうか「川柳きやり」七月号の句です。

薫風の中に英霊真つ白し　京　都　渡邊trick人木
満塁の打者は白衣をからげたり　○　○　野村圭佑
鉄瓶も火鉢も征つた子について　芝　区　安井梅太
愛嬌のない顔並ぶ配給所　山形県　鹿野五郎
混むバスに疲れ居眠る娘の素顔　村田周魚
正直に甘きが欲しき子の日記　村田周魚

野村圭佑さんはこのとき野戦病院付の陸軍衛生兵でした。回復期の傷病兵の娯楽としての野球。

野球大好きな日本人、いくら敵性と言われても、戦地でさえやっていた。

1942 8月

「番傘」第八号は巻頭から「戦ふ川柳壁新聞展」の大特集。「文学」となかなか認めてもらえない川柳。機会をとらえては、その良さ（善さ、好さ、佳さ）をアピールしようと、先人たちは必死でした。戦争という状況の中では、自然諷詠の俳句よりは、断然、人間諷詠の川柳の出番です。先人たちはがんばりました。

「戦ふ川柳壁新聞展覧会は七月十四日から十九日まで、大阪三越において大阪府、大阪市、大政翼賛会府市支部の後援を得て本社主催の下に力強く決戦下に打つて出た。……」と、十頁にわたり紹介。関連した句会などの発表に八頁。後援の力でしょうね、書き文字のタイトルに写真版八点の大盤振る舞い。巻頭の趣旨から計十九頁の大特集でした。で、

成功の無電は神になる知らせ　眞男
ちよろづの神みそなはせ急降下　愛日
千人針母の一針どこにある　白衣勇士　吉坂
海の子も空の子もゐる子沢山　祝平

などなどの句を壁新聞に仕立て、大盛況でした。その他この号の句です。

ほたる籠父は異境の涯を攻め　溝上たけ志
軍手履く夏手袋をはめた手に　梶原溪々
銃後とは此処に女の監視哨　別府　紫舟 改め 高丸思笛
ニュース聞くたんびに日本広くなり　御影町　長崎柳秀
食慾は五月の白い雲にまで　名古屋　森　流石
刺殺した球が九人へ廻される　大阪　美水 改め 堀田清一
大阪は雨六大学は五回戦　朝生（赤壁川柳会六月二十一日）

おしゃれの夏手袋を軍手に代えて働き出した淑女、でしょうか。食糧事情はよくありません。育ち盛りも大人もいつも腹ぺこ。綿菓子のような、コッペパンのような雲なのです。やはり、野球は人気スポーツです。敵性球技と言われようが。戦地からは緊迫した句が目立ちはじめます。

ひばり鳴く野辺に伏しては敵を撃つ　満州　田中英夫
生きて来た奇蹟を今日も語り合ふ　満州　谷川小宰相

きやりの○○隊からもそういう句が届いています。「**川柳きやり**」**八月号**です。

今日も無事お守袋出して礼　○○隊　川端英策
脚絆巻き直して今日も生きてゐた　○○隊　勝又錦之助
激戦のあとは鳥と犬ばかり　○○隊　内山舞将

戦地では緊迫感が増しましたが、国内ではまだ緊迫という状況まではいかず。

蟬時雨午后の市電に眠くゆれ　京橋区　牟田壺天
嫁つた娘の部屋に風鈴だけの音　桐　生　吉田香蘭
諦めることに慣れたる日々続く　函館市　猪飼長船
子供等の期待大きなふくらし粉　中野区　皆川一粒

中にこういう句も。今なお隣国から猛反発を受ける、その根にこの過去にあった事実。私たちが心しておかなければいけないことです。

朝鮮徴兵制実施
創氏した民にお召しの秋が来る　新義州　高木満山

1942 9月

「番傘」第九号は「初代柄井川柳鑽仰《さんぎょう》」＊と題して大特集が組まれた。

「……日本人丸出しの文芸、その川柳の創始者の偉業を偲び、後進としての感謝を捧げる本号である。水府」と、和歌に始まり川柳点に到る川柳系図、初代川柳の墓がある蔵前の龍寶《りゅうほう》寺を紹介する前田雀郎《じゃくろう》の「川柳寺」や、明治末の現代川柳勃興の頃からの作家、花岡百樹《ももき》、西田當百《とうひゃく》、渡邊虹衣《こうい》、岸本水府による柄井川柳に関する座談会など川柳の歴史に関する全二十四頁。

歴史は歴史として、この号の『番傘』の川柳です。

英霊はわが子神の子家に着く　小川舟人
こんなでも直ると靴屋見せてくれ　松島万帆
うちでもといふは取られた靴の事　岸本水府

第二国民兵再検査
面目にかけて痩身胸を張り　新京　佐藤木賊
字を破裂させて銃後へ叫ぶビラ　堺　阿部中契
縁談に子を負ふ人が目立つ頃　大阪　谷本唱殻
有るときもありますメニユー消してなし　大阪　福島不二夫

品不足、靴は貴重品になりました。油断すると盗まれる。国民皆兵の時代、国民兵役は、常備兵役と補充兵役とを終えた男子が服する第一国民兵役と、常備兵役・後備兵役・補充兵役および第一国民兵役に属さない、満十七歳以上四十五歳以下の男子が服する第二国民兵役とがあった。戦死すると英霊＝神とされる。その一方で、残された家族は神の妻神の子としては生きて行けません。戦争未亡人のままか再婚、あるいは戦争孤児です。何もかも品不足。材料がなければ料理はできない。だが、材料が揃う時もある。そうした中での食堂、料理屋の経営でした。

報道では勝ち続けて、さらに戦線拡大という、その戦線からの「陣中柳多留」です。

汗にぬれまた雨にぬれ泥を征く 満州 谷川小宰相

誰何して椰子の実落ちた音と知り 南方 林 春洋

砲声に似て遠雷の近づけり 満州 田中甚一

戦友も子があり写真見せ合ふて 満州 椛 北羊

コラム人間手帖で水府さんが『英語の店名が続々日本名に変る。曰く朝日ビルのアラスカが「北洋」、梅田の新道のブラジルが「星光」、道頓堀のライオンが「獅子屋」、阿倍野橋のモカが「感謝」。つゞいて大に変へるべし』と。しかし、翌十月号には「邦名に換へておかしな屋号なり 梶原溪々」と出て、建前と本音が見えています。

そして「あれから」に「暑さも漸く山を越したと思はれる今日此頃、捷報は南の海よりまたももたらされ、ソロモン海戦の大勝利に無敵海軍の強味を遺憾なく発揮して、一億の胸をゆする。……」。

パプアニューギニアの東、ソロモン群島海域で戦闘が行われた。「凱歌は高し・ソロモン海戦」「米英聯合艦隊を猛撃　艦船廿八隻以上撃沈破　空戦で四十一機屠る［尚攻撃続行中］　我損害、自爆七機巡艦二隻軽微損傷」（八月十日、大阪毎日）。「帝国海軍部隊は八月七日以来ソロモン群島方面に出現せる敵米英聯合艦隊に対し猛撃を加へ……」というのですが、米艦隊の出現は七日、ソロモン群島のガダルカナル島に米軍が上陸したことによるもので、米軍の逆襲が始まっていました。

このように事実を隠した勝利報道で国民は蚊帳の外でしたが実際は作戦失敗大苦戦の後、年末にガダルカナル撤退を決定。勝った勝ったは六月五日のミッドウエー海戦の前までの半年間だけのこと、それ以後はただひたすら敗戦に向かっていたのです。

「川柳きやり」の九月号からは、まず、庶民の怒りの二句を見つけだしました。

あるところにあるもの腹の立つ日頃　大阪市　森下春人

儲けたい気持許せぬ菓子の味　四谷区　奈良井潮花

儲けたいというより、根本的に砂糖が足りない中でのお菓子屋の営業でしたから、そう一概に責められない気もしますが……、買う方の身になればねえ、ごもっとも。

前年八月、政府は金属類回収令を公布し特別回収が断行されたが、十七年度は「鉄・銅製品の回

収強化　強制譲渡命令を発動」（五月九日、東京朝日）ということになり、「神社、寺院、教会よりの回収=保存その他特に必要あるもの以外は供出せしめること」となった。戦いは金属類をどんどん浪費します。報道では、「我方の損害軽微」だったのですが、金属類が大量に必要な事態になっていたのですね。

周魚さんの「海月堂句箋」から一句。続いて日常茶飯と雑詠集からです。

ふるさとの上野をぬけて

鐘の音もしまわれたまま秋となる

靴下の継青春も切符制　台中　高山武士

ニュース今此処を陥した世界地図　桐生　吉田香蘭

戦つてゐる代燃の急救《ママ》車　馬山　寺戸マサト

1942
10月

華々しい勝利報道の連続ですが、実生活は逆に流れているような**「番傘」の第十号**です。巻頭の「近詠　岸本水府」から二句。

耐へ忍ぶテントの雨に似たこゝろ

句は世相世相いくさのほかになし

そのほかにはやはり「いくさのほかになし」のこんな句が。

友は皆戦線に居る秋祭　東京　河原魚行
ばんざいは踏切に立つ肩ぐるま　東京　坂　澄風
誰ぞ征く万歳遠く夜業する　東京　久田ひさし
忠魂碑平和を希ふ草の色　新京　佐藤木賊
日の丸に僕のサインもある遺品　東京　海老原軍平

題「学校」で詠まれた句からこの頃の学校の様子を見ると、

登校する子等が軍歌を和して行く　茂路
学校の朝鍊成の気魄聞く　壽山
校長の勝抜く話奉戴日　覺子
軍神を出して校風世に問はれ　夏泉
朝礼の訓示は今朝の大戦果　白影

学校も「いくさのほかになし」。「陣中柳多留」には厭戦気分も読み取れる句も。

今日は藁敷いて寝られる有難さ　南方　小野香路

子を抱いた気持人形抱いてみる　満州　藤井芳美

天かくも兵を試すか降り続く　満州　椛　北羊

編輯後記に「用紙の配給減少にともなひ誌面はます〳〵窮屈になつて来た、加へて保健上から小活字の廃止などあり、編輯部は伝統ある番傘の内容充実に一方ならぬ苦心をしてゐる」と。小活字で眼に負担をかけて近視になっては兵としてお国の役に立たぬ、ということなのでしょうか。小活字はだめだといわれても、投稿句は増える一方で紙の配給は少なく、どうやってこの大量の句を……と頭の痛い事です。

「**川柳きやり**」**十月号**の巻頭は陣中作品。

アリランを唄ふ娘が居る露営の灯　○○隊　風間花盈

アンプルの風鈴故郷の音たしか　○○隊　野村圭佑

地平線ゆけど越ゆれど地平線　○○隊　小林竹朗

アンプルは注射薬が入ったガラス容器。使用済みアンプル製戦地の風鈴。広大な中国大陸の平原、なにか、とてつもないところで戦争をしているイメージです。

「児童と川柳画展の横顔　父と子の画に父と子が立つて読み（佳寶）」のタイトル、阿部佐保蘭《さぼらん》さんの筆で川柳きやり吟社主催の展覧会の報告。

「新東亜の建設に次代を背負つて立つ児童を主とした川柳画展を通して、大政翼賛の誠を披瀝すべく、東都新宿三越八階に於て、紀元二千六百二年八月二十六日より三十日迄五日間、本社主催にて開催、出展数四百十八点（略）戦線に銃後に活躍する川柳の姿を一般大衆に知つてもらひ、多大の感銘を与へた、……」。

勉強をしろと子に吹く秋の風　周魚
今日の日の為に男の子を育て　雀郎
どの兵も後ろ姿の父に似て　路郎

などなど、自画自賛ではなく、本当に人気だったようです。その他一般の句は、

結婚もお国の為の相談所　横浜　石川濱の子
お囃子も勝抜く意気の盆踊り　京都市　佐々木鳥巣
秋の夕撞かない鐘が聴えさう　齋藤丹三郎

金属回収令でお寺には鐘がありません。でも、夕焼小焼で日が暮れて、頭の中では、お寺の鐘が鳴る……。切ない世の中になってきました。

「編輯室から　……現在配給紙の関係で寄稿の大半と各地句会を次号にまわす事となつた点は諒として貰ひたい。（鈴波）」

「番傘」「川柳きやり」両誌共に紙の配給減を嘆いています。全国の市町村に一冊はあった川柳誌も統廃合がすすめられ、「番傘」の表紙にはこの年の初めから「五社統合誌」と印刷されていた。また編集担当者の兵役や用紙不足から休刊、廃刊する川柳誌も増え、それらの雑誌に投句していた人たちが、「番傘」や「川柳きやり」へ投句するようになったので、大量の句を掲載するのに四苦八苦していたのです。

1942
11月

「番傘」第十一号です。戦の秋ですが芸術の秋でもあります。敵性音楽のレコードは聴かなければ壊さずに持っていてもよかった。運動能力からいっても野球選手は兵士として申し分なし。有名選手も召集されました。召集令状（赤紙）が来ると、出身地に近い部隊へ期日までに出頭。地方出身者は赤紙を持って、夜汽車は走る母待つ故郷へ、なのです。

戦つゞく国に上野の秋迫る　　　内藤凡柳
抽斗《ひきだし》の一つかけてはならぬジヤズ　　　梶原溪々
野球場あのピツチヤーも征つたのか　　　東京　松井待春
警報下八十三の母があり　　　京都　道原水染

いたゞいて香りも嗅いで新刊書　大阪　宮岡久放

見渡したところ世相はカーキいろ　水府（初代川柳忌句会）

兵隊ゴッコ風呂敷持つて飛降りる　駿（番傘十月例会）

令状と母待つ故郷へ急ぐ汽車　角嵐（同）

勇ましく出て勇ましく戦死する　陸朗（八幡製鉄所産報川柳会）

敵性音楽ですが、翌十八年一月十四日にこんな記事が出た。「米英音楽に追放令……いまだに喫茶店やカフェーで軽佻浮薄、煽情的な米英のジヤズ・レコードが演奏されてゐる向があるので、情報局では内務省と協議の結果、……演奏を停止させ、……場合によつては治安警察法第十六条による強制回収を行ひ巷から低俗な米英レコード音楽の躁音を一掃することになつた、レコードは約一千種におよび、情報局と内務省との審査で、一覧表を作製し、十三日各府県警察部、各警察署、飲食店組合、音楽関係団体などに配布した……」（東京朝日）ということで、ブルー・ハワイ、アロハ・オエ、ダイナ、風と共に去りぬ、山の人気者、谷間の灯ともし頃、フォスター名曲集、セントルイス・ブルース、私の青空、などが禁止されてしまった。いい曲ばかり。どこかから、お役人って野暮ねって声が聞こえてきます。

「川柳きやり」の十一月号は貯金奨励号。巻頭に「貯金の窓口に感謝しませう」のタイトルで、

「窓口にとゞく貯金の子の背丈　伊藤爲雄」など句会席上の十六句。

貯金川柳募集は七月中旬に官報、ラジオ、新聞、雑誌などで行われ、応募数は二万八千九百七通（「番傘」にも同様の発表記事が掲載された）。「秀逸」として

貯金して一発撃つた気持なり　延岡市　高野　博
米英をボク等も撃てる切手買ひ　横浜市　關　晶
兄さんの撃つ弾丸となる切手買ひ　米沢市　布施節子

他合計二十句の他、佳作、選外佳作などが発表された。その他の「きやり」の句は、

真剣な顔で八百屋の列にゐる　東　京　阿部佐保蘭
弁当の包紙丁寧に紙不足　大宮市　吉澤涼風
落下傘蠶《かいこ》の数を考へる　名古屋　平島雅柳

1942 12月

「番傘」の第十二号。

卓を叩いたことも歴史の一頁　岸本水府

古疵に触れる昔の流行歌　　勝間長人
防毒面無聊《ぶりょう》の顔でぶらさがり　　山本火鳥
ちゝはゝと聴く雲月の節廻し　　新京　佐藤木賊
慰問袋紅緒の下駄は妻の智恵　　東京　松井待春
慰問文戦地はだん〳〵遠くなる　　島根　笹本英子
飼つてみた雞もどかしくまだ生まず　　大阪　清水澪標子

古疵に触れた昔の流行歌、昔です、十年ひと昔と言いますから、〽宵闇せまれば悩みは涯なし、昭和三年にヒットした「君恋し」（詞・時雨音羽　曲・佐々紅華）でしょうか。雲月は浪曲師の天中軒雲月。ここは浪曲四天王のひとり、初代雲月のレコードを聴いている図でしょうか。それとも二代目のラジオの中継か。紅緒《べにお》の下駄は、「雨」（詞・北原白秋　曲・弘田龍太郎）〽雨がふります　雨がふる……紅緒の木履《かっこ》も緒が切れた、が句の裏に流れています。大正八年の歌です。

「大東亜文学者大会に列して」という記事。これは日本文学報国会主催で十一月三日から五日まで、東京の帝劇で行われ、満・蒙・華代表も出席。当日採択された宣誓です。

「宣誓　大東亜戦争正に熾烈なる日、東洋全民族の文学者こゝに会し団結一致、永くわが東洋を蠹毒《とどく》侵害せる一切の思想に戦を宣し新しき世界の黎明をもたらさんとす、実に史上未曾有の挙なり、我等精神の戦士として深く思ひをこゝに致し、此の大事に挺身し東洋悠久の生命を世界に顕揚せんとす、時あたかも明治節の佳日を以て門出するは吾人の光栄なり、堅き決意と勇猛心を以て本大会を完うせむ　右宣誓す　昭和十七年十一月三日　大東亜文学者大会会議員代表」。「とどく」とルビをふってもなんの意味やら……、新明解国語辞典には「……組織を傷つけ穴をあけること」と。この時代の人は、ルビ無しでも読めて理解できてたのでしょうね。人生七十余年にして初めてお目にかかりました。

ペンも剣に協力ということなのですが、前線、銃後の実際のペンはこうなのです。

母の背の丸み思ふて火を囲む　満州　谷川小宰相

児に靴をいつ凱旋か買うておく　仏印　岡井雅道

読む妻と聞く母想ふ軍事便　北満　福永泰典

水槽へ轟沈させた父の靴　十四之（大牟田番傘川柳会）

送られたホームへ神となつて着き　吾郎（戸畑番傘川柳会）

この号の裏表紙の「時の言葉　大東亜戦争一周年に際して」にこういうくだりがある。「……敵米英はその豊富なる物的資源を恃《たの》んで、生産の増強、軍備の拡充に狂奔して、戦局の挽回を図らんとし、大東亜戦争も将に本格的の段階に入らんとしてゐるのである。……大政翼賛会大阪府支部」。負け戦を隠しながらもかなり本音で切迫感が出てきました。

「川柳きやり」の十二月号です。

巡回の間は鍬もつ駐在所　京都　小坂ふじ彌
生活苦内地外地にかゝはらず　京城　山川花戀坊
あるとこの話を叱る膳さびし　村田周魚
慰問劇故国を偲ぶ盆踊り　ビルマ　渡井夜鶴
日本の竹鉄になり革になり　名古屋　平島雅柳
大戦果帰らぬ人へ皆無言　静岡県　諸田良司
今朝ツきりを聞かせて梵鐘村を征ち　長野県　青沼宿六
しめろやれ頭は頭らしく征き　仙之助

竹は鉄柵の代りに竹垣になり、革かばんの代りに竹籠になりました。大戦果が伝えられる一方、その代償ともいうべき英霊と呼ばれる戦死者も増え続ける。報道では勝った勝ったというけれど……。村のお寺の鐘は名残惜しくも兵器へと征ち、町内の組頭もきやりにおくられて出征しました。頭の武運長久を祈りながら、さて、昭和十八年はどんな年になるのでしょう。

第二章

ああ、どこまで続く戦争

その昭和十八年

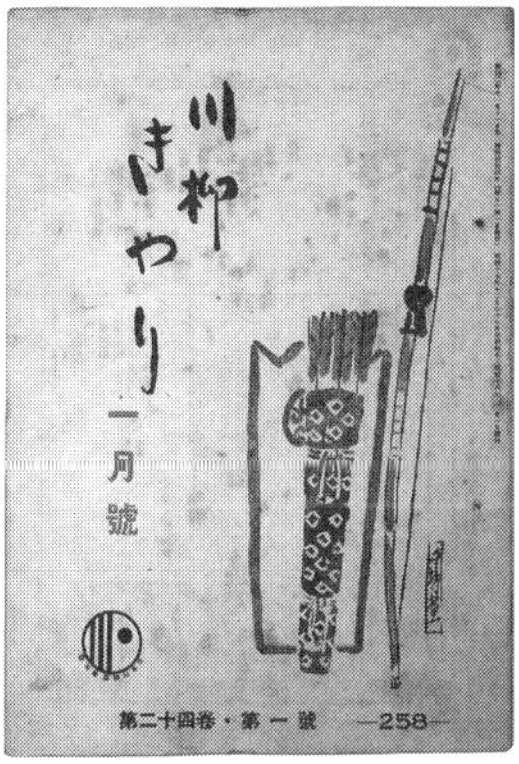

（昭和18年1月号　装画：三上千坊）

（昭和18年第1号
装画：藤原せいけん）

太平洋戦争関連年表

昭和18年（1943）

1月2日 ニューギニア島ブナの日本軍全滅。
1月7日 たばこ値上げ（ひかり18銭→30銭、金鵄10銭→15銭）。ラジオ番組「前線へ送る夕」放送開始。
1月13日 内務省、ジャズなど米英楽曲約1000の演奏とレコードを禁止。
2月1日 ガダルカナル島撤退開始。地上戦闘の戦死者・餓死者2万5千人。
2月23日 陸軍省、「撃ちてし止まむ」の決戦標語ポスター5万枚を全国に配布。**2月** 英語の雑誌名禁止。サンデー毎日→週刊毎日、エコノミスト→経済毎日と改題。以後、キング→富士、オール読物→文芸読物など続出。
3月1日 ニューギニア増援の日本輸送船団8隻、ダンピール海峡で全滅。
3月3日 兵役法改正公布（朝鮮に徴兵制を施行）。
3月24日 金属回収本部を設置、回収運動を更に強化。
4月18日 連合艦隊司令長官山本五十六戦死。
4月28日 東京大学野球連盟、解散を決定。
5月1日 木炭、薪の配給制を実施。
5月9日 米潜水艦、北海道幌別を砲撃。
5月12日 米軍アッツ島（北太平洋、アリューシャン列島の島）に上陸。29日、日本軍守備隊2500人玉砕。
6月1日 東京都制を公布（7月1日実施）。東京昭和通りの植樹地帯を畑とする。神奈川県下のゴルフ場も農園化。
6月16日 工場就業時間制限令を廃止（婦女子、年少者の鉱山坑内作業許可）。
6月30日 米軍、ソロモン群島中部のレンドバ島、ニューギニア北岸のナッソウ湾に、7月3日にはニュージョージア島に上陸。
7月21日 国民徴用令改正公布（男子12歳以上60歳未満、女子12歳以上40歳未満に拡大）。
9月4日 上野動物園、空襲時の混乱に備えてライオンなどの猛獣を薬殺。
9月8日 イタリア無条件降伏。
9月10日 鳥取大地震。
9月22日 理工科系以外の学生の徴兵猶予を撤廃。
9月23日 閣議、昭和20年度より台湾に徴兵制実施を決定。販売店員、出改札係、理髪師など17職種の男子就業禁止。25歳未満女子を勤労挺身隊として動員。
10月5日 関釜連絡船崑崙丸、米潜水艦により撃沈され、死者544人。
10月16日 学徒兵壮行のため、戦中最後の早慶戦を安部球場で開催。
10月21日 出陣学徒壮行大会挙行（神宮外苑競技場）。
11月1日 兵役法改正公布（兵役を45歳まで延長）。米軍、ソロモン群島北部のブーゲンビル島に上陸。
11月21日 米軍、ギルバート諸島マキン、タラワ両島に上陸。25日、両島守備隊5400人玉砕。
12月10日 文部省、学童の縁故疎開促進を発表。
12月17日 競馬開催中止を閣議決定。
12月24日 徴兵適齢を1年引下げ19歳とする。

1　連戦連勝、で、物価も上昇？

1943
1月

米英と戦争状態に入れりから、一年経ちました。勝った勝ったと報道されるわりには、生活状態は悪くなる一方、なんとなくおかしいなあ、とは思っても、それは口には出せません。出したら即、非国民と罵倒される、そういう建て前の世の中でした。そんな世の中に**「番傘」の昭和十八年第一号**が発売された。巻頭に主幹岸本水府の「今年の言葉」があり、これに続いて「総力絵巻　わが職域をうたふ」。そのあおりの文は「……いまや国民の一人一人が、各その持場において揮ふ一つの槌も一つの鍬もたゞちに前線の戦力に影響しつゝある。諸君の毎日々々の生活における一挙一動が、明日といはず、今日たゞいま、前線の戦闘力を左右してゐると称して過言ではない。諸君の職域は勝たんがための戦場なのである……」（十二月八日大東亜戦争一周年記念国民大会における、東条首相の演説より）。

ということで、首相の演説をあおりに使ってそれぞれの職場を詠んだ川柳が特集された。

教　師　朝礼に鳴る海行かばから朝日　大島花玉

書店　二年目も売りつくす気の時局地図　稲葉泊舟
華道　稽古日のモンペを詫びて花鋏　島本青柳女
造兵器　ポケツみな戦陣訓*あり砲けづる　岡崎はるを
電話局　殉職は覚悟の前の交換機　船木夢考
薬局　鍛錬の法を教へて薬売る　立花雨昏
百貨店　焼夷弾来いと防空具売場　日下部舟可
配電　増産を計器の針が知らせる夜　深江勝人
仏具商　般若経慰問袋へ買ひにくる　深野吾水

などなど九十余の職業が詠まれている。以後、五月号まで続けられ、計二百五十余の職業が詠まれた。この号には、もうひとつの特集「大東亜戦争一周年記念　川柳いろは歌留多」がある。これは、大阪毎日新聞社文化教室がひらいた展覧会の報告で、昭和十七年度同人吟から主幹水府が選んだ四十八句に絵を添えた壁新聞式大かるたが、全国各地を移動展示されるという告知記事。

い　一億の声命中の弾の音　北人
ろ　艪の渦も幸福さうな共稼ぎ　日華
は　裸から築いた人の献納機　愛日

に　日本は今戦へり菜を作り　子行
ほ　ほとばしる舳世界の波を蹴り　千兩
へ　兵黙々神兵の口一文字　洋士
と　隣組梯子の下に妻が居る　聰夢

その他、この戦の時代の句です。

東天へ勝つよと叫ぶ八日朝　岡田紘一郎
注油所のよいあそび場となつた街　梶原溪々
ふり向けば国民服の女形　松本波郎
薙刀の歩哨にこゝは電話局　福井柳園子
防諜の手本元禄十五年　大阪　山中瀧之助
海ゆかばみな肉親に兵をもち　大阪　平井青韜
三味線で弾丸の音出す文楽座　大阪　立花雨昏
少女画報こゝもハンマーを振つてゐる　大阪　清水澪標子

一般へのガソリン販売禁止で注油所（ガソリンスタンド）は子どもの遊び場。世の中は皆軍服のような国民服。イメージを言葉にすると「国民皆兵」。電話は交換手による接続、交換手は女性の職業でした。元禄十五年十二月十四日、吉良邸への討ち入り。忠臣蔵です。

「川柳きやり」一月号の巻頭は、題「産業戦士慰問袋」の句と周魚主幹の「海月堂句箋」を上下で掲載。ここでは海月堂の二句をいただきます。お正月です。今年は日本髪を結えましたが、来年はどうなるのでしょうね。

ていねいに粉炭つぐ娘の日本髪
火叩きもきちんと松が小さく立ち

歌会始めの御題は「農村新年」でした。きやりの企画、御題川柳から三句。つづいて日常茶飯と雑詠と陣中作品から。

羽織着た母が鶏呼ぶ春の庭　市川周峰
藁を打つ灯も細々と春三日　尾山兎耳
初詣祈る豊穣子の武運　篠崎蛙月
戦争の話へ帰還兵黙り　岸川輕舟
着ぶくれて母は陽差しの届くとこ　淀橋区　越村眞茂留

お鏡も小さく戦果の新春祝ふ　名古屋　佐々木鳳石

つくろつて又つくろつて母は老ひ　大　阪　谷　克美

かくれんぼ防空ゴウに一人ゐた　十三才　伊藤はま子

長期戦ですと見せ合ふ靴の穴　十三才　早川三男

ジヤングルを僅か拓いて鶏を飼ひ　ボルネオ　横田映岳

兵役を終え帰国した帰還兵は戦闘の話を禁じられていた。戦に関することは、秘密です。燃料不足の寒さ対策は重ね着と太陽熱利用。勝っているのに、お米は制限されて正月の鏡餅も小さい。小さくても瀬戸物の代用品よりはいいか。前年の一月号には「一キロの餅に新春強い国　田中青風」とあったのですが……。子供の作が二句。戦争は子供にも覆いかぶさってくる。勝った勝ったの連戦連勝報道の中、課題吟「報道」にこういう句も。

近着のライフアメリカ侮れず　芯之助

従軍記敵の強さも書き添へる　梅晁

「ライフ」は一九三六年創刊のアメリカの週刊グラフ雑誌。この時期にアメリカの雑誌が見られる立場の人が川柳作家にもいたんですね。ん？　ちょいとこの記事、いつもの新聞ラジオの報道とは違う感じを受けるんだが……、という雰囲気も出て来ているようです。

1943
2月

「番傘」の第二号です。

箱はひかり中味は金鵄袋入り　　小田夢路

この一月七日にたばこが大幅に値上げされました。光（十本）十八銭から三十銭へ。金鵄（十本）十銭から十五銭へ。ゴールデンバット＝金鵄（きんし）です。明治以来、酒とたばこの税は戦費調達のためでした。多分値上げからすぐじゃないでしょうか、庶民のはかなき抵抗として替え歌が。〽金鵄あがって十五銭　はえある光三十銭　いまこそきたるこの値あげ　紀元二千六百年　ああ一億の民は泣く（本歌は紀元二千六百年奉祝歌）。小さな声歌い継がれて戦後まで。おおっぴらに歌うと特高につかまります。

地球儀を廻しつ油断出来ないぞ　　加賀佳汀

どこか、今までとは違った緊迫感が感じられる句です。その一方に、こういう句も。

さうみんな男を産む気でも困り　　尼崎　淺田新甫

派手なもの縫ふべき糸で辻に佇ち　　徳島　米津帆之助

講評は満点街は水だらけ 徳　島　米津帆之助
つぎあて丶刺子の様な割烹着 宮　津　村瀬微笑
車窓から工場の昼の野球見る 大　阪　北垣神風

派手なもの縫うべき赤い糸は千人針へ。防火訓練を終えた街は水びたし。敵性云々と言われても野球人気は衰えず。前線からの陣中柳多留は厳しさが増してきました。

笑靨浮く戦友の遺品の許嫁 ビルマ　眞木浪星
今日も未だ武運拙く生きのびる 南　方　岡井雅道
弾丸尽きた夜の塹壕に決意彫る 満　州　椛　北羊

一月九日にひらかれた番傘新春句会から二句。これが庶民の本音儚《はかな》き今年のお正月。

一月はむかし胃腸をよくこはし いさむ
酒に縁なき一月の日記書く 句沙彌

用紙の配給量が減ったため、毎月の募集句をこれまでの一人十句から五句に減らして、さらに課題吟の募集を中止。この二月号（本文四十二頁）の募集句で掲載されたのが四百二十三人の七百二十三句。一年前は（本文五十四頁）二百五十二人の三百八十二句でした。増え続ける投句をどう掲載するか、編集部は四苦八苦しています。
裏表紙に連載されている大政翼賛会大阪府支部の「時の言葉」も、本来なら、半年前に言うべきことですが遅ればせながらも、悲壮感を帯び出してきました。
「銃後是戦場の精神／……敵米英は、本年を期して資材と産業能力と兵力とを極度に発揮して、反攻作戦必至の情勢にあるに対し、吾は一段と決戦体制を強化し、彼等の意図するところを粉砕して、再び起つ能はざらしめなければならぬ、重大時機に遭遇してゐるからである。……」

「川柳きやり」二月号の表紙の図柄は一月号と同じ。版の流用開始です。

赤紙の来る日へ妻と仕度する　菅野十思
沢庵を小さきおごりにして食べる　石川眞砂
アリユーシヤン思へ音なく霙《みぞれ》する　伊豫部露光
ハンペンに住所姓名名乗らされ　三宅巨郎
銃抱いて寝た此の膝に子が抱ける　岐阜　市川周峰
迷信と云はれたくない初不動　村田周魚

たくあんも貴重品扱いになりました。北の海の果てアリューシャン列島のアッツ島でも兵隊さんは戦っている。毎月二十八日は一切の災いを祓うお不動さまの縁日で、一月二十八日はその年最初の縁日、初不動。どこのお不動さまも参拝の人で大賑わいです。家族を戦場におくっている人は懸命に災いを祓おうとお参りしているのです。

1943 3月

二月二十三日、陸軍省の決戦標語「撃ちてし止まむ」のポスター五万枚が配布された。

「番傘」の第三号は、表紙に「撃ちてし止まむ」と大書。

昼と夜のつぎ目電車は作業服　岸本水府

糊借りに行けば会計鍵で出し　三浦秋無草

年末胃潰瘍に倒る

絶食の三日目に来たお正月　大島花王

玄米に決意新たな火吹竹　岩本晴美

日本髪黄包車を派手にする　榎本聰夢（上海）

物不足、糊も貴重品に。胃潰瘍で苦しんでもちゃんと笑いを秘めて一句ものする、さすが川柳家です。玄米は白米以上に火力が必要。覚悟の火吹き竹です。息が切れて目眩がしそう。黄包車は日本から上海に伝わった人力車のことでワンポーツと読む。満州などでは、洋車ヤンチョと言ったようです。

オーライと云つて車掌の恥ぢた顔　大阪　宮本時彦
虎造は東海道でよく稼ぎ　敦賀　關　對池郎
これをかう被る座布団へ紐をつけ　徳島　米津帆之助
大将にしても機銃を撃ちたがり　名古屋　森田松夢

軍隊での大将はいわば号令だけで、銃は撃たないのですが、子供の場合は、号令だけじゃつまんないよ、撃たせてよ、なんですね。口の射撃音だけですが。虎造に関しては前号の句も含めて、五号で夢路さんの解説があります。のちほど……。

「大阪名物の通天閣が鉄供出の大物として出発する。固有名詞の新世界から、普通名詞の新世界へ」（人間手帖）と。一昨年十二月号の「奉公の噂通天閣高い　矢野千兩」の噂は本当でした。裏表紙の「時の言葉」は、「買はないで、すませる工夫」。

「欲しがりません　勝つまでは／●いまある物で間に合ひませんか。／●大事に使へばまだ保ちませんか。／●繕つたり、作り直せば、もつと使へませんか。／●繰り廻しを考へてみましたか。／●隣組などで、お互ひに要らない物の融通や交換はできませんか。」

前号で村瀬微笑さんが「つぎあてゝ刺子の様な割烹着」と詠んでいたし、一月号の「川柳きやり」には「つくろつて又つくろつて母は老ひ　谷　克美」という句があったのを翼賛会は見ていなかった？　字面はいかにも国の状況を考えよう、なのですが、物資欠乏が見え見え、日本の内実はあっぷあっぷですと言っているようなもの。防諜どころではありません。アメリカの情報分析官が見たら、このあたりで、にやり、勝利を確信した？

「川柳きやり」三月号、巻頭の『聖戦句陣』、続いて日常茶飯と雑詠から。

凍土に伏してしづかに命を待つ　中支　川端英策
髯面の氷柱笑へぬ夜の歩哨　満州　不二屋　亘
世界地図今日も一処血で染り　伊藤彩花
太陽へ取り組みなさい炭不足　高山武士
配給の八百屋ま丶事めいた品　伊藤瑤天
箱野菜せめて半坪ほしく住み　菅野十思
待望のお召吾が家に歓喜充つ　馬山　寺戸マサト
品切れの筈をお隣り買つてくる　京城　林　志峰
柔道着いつしか足袋の裏にあり　山梨　保坂糸美

一月号でも「着ぶくれて母は陽差しの届くとこ　越村眞茂留」と詠まれて、燃料不足は深刻でした。しかし、頼るのは自然エネルギーの太陽熱だけしかなかったのです。配給だけではとても足りないので野菜類も自家栽培、家庭菜園は当たり前。まさに太陽さまさまでした。一家から兵を出さぬのは恥である、兵は一家の誉である、という時代。召集令状・赤紙を喜ぶ、というのが（表向き）普通の時代でした。その一方で、句会の作から見つけた「売る物は何んだつてい丶列へかけ　皖司」が物不足の世相をみせて、どこか惨めさも漂っています。

2　撃ちて止まむ、の真相は……

1943
4月

「**番傘**」**第四号**は、この号から減頁（三十二頁）のため目次が消え、表紙裏にエッセイというスタイルになりました。同人吟詠と雑詠の「番傘川柳」からです。

時の子のメガホンの要る遊びする　片山玄風
よその子はすぐに大きくなるやうな　梶原渓々
佐世保局気付怒濤が眼に浮び　岸本水府

自動車の前はお面と打たれさう　徳島　米津帆之助

窓からの陽に騙されて出た寒さ　満州　野村勝巳

象眼も共に勝抜く爐に熔ける　大阪　辰巳吟平

子供たちは世の中の動きに敏感に反応します。佐世保には海軍の基地。いかにも川柳らしい「よその子は……」と「自動車の……」の二句は次号に夢路さんの解説あり。この時代の自動車のラジエーターグリルは独特で剣道の面そっくり。日差しは明るくなったが風はまだ冷たい「早春賦*」へ春は名のみの風の寒さよ、の満州です。象眼されている美術品も金属は溶かして、兵器です。

減頁は、国内状況悪化を示しているはずですが、銃後の句からはそれほど緊迫感は感じられません。それは、状況悪化も続いてくるとそれが当たり前に感じられてしまう？　前線は緊迫感ありの「陣中柳多留」。三月例会は「撃ちてし止まむ」句会です。

子を見つけ次第に抱きたがる男　満州　椛　北羊

絶筆とならん便りを書いて寝る　マライ　右近志秋

来目の子の血を承け継ぎて撃ちにうつ　漫歩

討たんかな我も久米の子ペンを持つ　砂人

「撃ちてし止まむ」は古事記の神武天皇東征の歌謡（久米歌）「……みつみつし　久米《くめ》の子が　頭椎《くぶつつ》い　石椎《いしつつ》い持ち　撃《う》ちてし止《や》まむ……」からとられたもの。万葉仮名では来目も久米も同じ。やはり気持は、神代へ向かい、神頼りから抜け出せず、でしょうか。しかし、戦時中の久米の子の現実はこうでした。

巻脚絆モンペに負けてうろたへる　夢路

裏表紙の「時の言葉」も悲壮感を漂わせています。戦はお金を浪費します。撃ちてし止まむ、というけれど、その本音は金がない、でしょう。「二百七十億」と大書し、「成るか成らぬか／それが日本の／興廃を決する　大政翼賛会」と。前年の七号の「時の言葉」では、「二百三十億貯蓄へ」でした。わずか九カ月で四十億も浪費した感じがします。現在の価値に換算すると……、私の頭では想像を絶する金額です。ウン兆円?!　戦争で富み太るのは軍需関連産業のみ。庶民はお腹を空かせ、かつ命を失う。これが戦争の真実。

「川柳きやり」四月号。陣中作品、日常茶飯、雑詠、句会吟です。

今日も又見倦かず見入る子の写真　免渡河　小林竹朗
針を持つ手に母さんの顔が浮き　牡丹江　倉林香路

猛爆下俺も貴様も生きてゐる　○○艇　齋藤太以知
子が二人征つてる壁の世界地図　金子白容
赤紙を働いてゐた掌に貰ひ　今井周花
健康なところを嫁にほしがられ　板橋区　磯貝眞樹
卒業の子を待つて居る軍需工　甲　府　鹽澤柳二
大根の葉捨てる娘を叱りつけ　白秋
兎も角も飛び込んでみる汁粉なり　雪茅

美味い不味いじゃない、甘いかどうかも分からない、が、お汁粉ありとなったらとりあえず入ってみる。甘味に飢えていました。

大戦果のニュースに盛り上がっていた頃に比べて、このところ大人しい。理由は、盛り上がれないニュースがありました。「南太平洋方面戦線　新作戦の基礎確立　ブナ、ガダルカナルより転進」（二月十日、東京朝日）、大本営発表で、作戦目的を完了し戦略的〝転進展開〟を終わった、と。この作戦による我が方の公表された人的損害は、戦死及び戦病死＝一六、七三四名。大本営の転進とは敗退の同義語でした。後に判明した戦死者・餓死者は二万五千人。無謀な作戦展開で、補給路を断たれて餓死する兵士が続出していた。

1943
5月

「番傘」第五号。

明治六年生れと母も胸に縫ひ　小島祝平
炊き方を聞くと玄米煮るのです　大石文久
武者人形兄は南の空に散り　小西落丁
鉄を打つふり板につく宝塚　戸奈巳之介

「銃後かくの通り」の見出しで、五人の川柳家が番傘の近作の句評を繰り広げている。その中から少し長くなりますが、小田夢路さんの「愉快なる川柳」を紹介します。

『川柳と俳句、川柳と狂句、川柳と標語と云つたものゝ区別は、かうした文学に無関心な人々には殆んど解つてゐない。専門家でも、「戦時下の川柳は標語になつてゐてもいゝではないか」と云つたりしてゐるし、実際、標語みたいなのが生れ勝ちであるから、幾分かは仕方のない成行であらう。——と云ふことは、さうでない方がよいと云ふことでもあつて、川柳には川柳独特の真価があり妙味がある。そこで、こゝにまぜり気のない、愉快な明朗な川柳を最近の本誌上から少しばかり拾つて、面白く駄弁を加へてみる。

虎造は東海道でよく稼ぎ　對池郎

漫才から仲居さんまで知らねば恥のやうに虎造の真似をする。従つて浪曲の嫌ひな浄瑠璃党の私までが、何時の間にやら「名代なるかな東海道、中に眼につく羽衣の、松と列んで名をあげし、街道一の親分は、清水港の次郎長どん」とか、怪し気ながら覚えてしまつた。ことほど左様に虎造の東海道である。この句を見て私でさへ、こんなに思はされたのだから、浪曲の好きな人だつたら、もつと嬉しがつて、この句を読んだつゞきに一席初めさうである。（略）

よその子はすぐに大きくなるやうな　　渓々

一度読んだとき、何か不足でも云つてゐるやうに思ひ、二度読んで見ると、独言を云つてるみたいな面白い句だなと思ひ、三度読んで、もつと噛みしめて味はうと父性愛がにじみ出て来る。何の苦もなく、すら〳〵と生れた句らしいが、たしかに風変りな、軽妙な、そして深さのある川柳らしい愉快な川柳である。

講評は満点街は水だらけ　　帆之助

防火訓練に大活躍した誉の町会か隣組、敵機さあ来いの威勢を示してゐるが、さて訓練だつたことを思ふと、そこら一面「さつぱりメチヤ〳〵」である。それを「水だらけ」と云つて片づけたところ流石に老巧である。作者は大正時代に中堅として活躍した人だけに、その頃の匂ひのする句風が幾分か残つてゐる。前号の「自動車の前はお面と打たれさう」など、明朗な、愉快な代表的川柳だと思ふ。（略）

物質に豊かなことが人生の幸福ではない。心のゆとりを川柳に示し得る余裕があつてこそ何よりのしあはせなのである。』

ここで、話題になった虎造とは浪曲師の二代目広沢虎造で「清水次郎長伝」が十八番。この他にも、玉川勝太郎の「天保水滸伝」、寿々木米若「佐渡情話」、相模太郎「灰神楽三太郎」などなど、浪曲の大ブーム、その人気は戦後もしばらく続きました。

次に、雑詠と常会の句からです。

帰還してみれば妻にも鉄兜　尼崎　淺田新甫
執着も愛玩も皆弾丸となり　名古屋　多々良塵外
三日目に軍靴を脱いで足を見る　中支　川端英策
来ましたと云ふだけで判る日本人　大阪　宮本時彦
銅像は召されて台に立つ子供　島根　佐々木悦久
稽古着のやうな繕ひほめられる　村雲
慰問団さうやさかいに懐しい　満州　杉本紘洞
一分の違ひ生きてる身を笑ふ　比島　春岡洋士

苦労して集めたコレクションも、金属はみな供出です。何が来たのか判りますよね。来たのは軍隊への召集令状、赤紙です。戦が日常でした。

戦場からは一分の違いが生死を分けるという緊迫感が伝えられたが、銃後の国内は？　裏表紙の「時の言葉」から、本土空襲があったとはいえ、それは一回かぎり、春の訪れとともに、戦時下なのに行楽気分も出る状況だったことが伺える。

「決戦だ　防空第一／一年前には敵機がわが本土を襲つたのです。いまも敵は虎視眈々、日本空襲の機会を狙つてをります。／だが都会生活者の中にはこの時局を解せず、徒に安易感にとらはれてゐる人がないでせうか。／春陽の訪れとゝもに浮れ半分の遠出の旅行や、物見遊山の外出等が多くなりがちなのです。／決戦下の輸送力確保といふ見地からもこれら不謹慎な行楽を絶対に控へねばなりません。／その代り健全行楽を大いに励行して、厚生と和楽のよろこびの中に戦争生活を実践し長期決戦に勝ち抜く壮健な身体と不抜の精神を涵養しようではありませんか。／　大政翼賛会大阪府支部」

「川柳きやり」五月号。

なきがらへ今来た便り読んでやり　中　支　川端英策
送金をする老兵に子が三人　中　支　宮崎詩情
前線と銃後電波に和む夜　中野区　皆川一粒
總領は九段に居ます鯉のぼり　神田区　植村女意路

嫁の荷に防空支度く一揃ひ　　篠原春雨
ほうれん草一把提げてる折鞄　　金子白容

昭和十八年の陸軍の兵士の月給は、二等兵六円、一等兵九円、上等兵十円、兵長十三円、伍長二十円、軍曹三十円（衣食住付?）。戦地には必ず郵便局が開局され、皆、故郷の家族に送金していたのでしょうね。浪費するような店もないことですし。ハガキは二銭、封書が20g五銭、当時の巡査の初任給は四十五円だったそうです。この年の一月七日に放送開始された前線と銃後を結ぶバラエティ番組「前線へ送る夕」。初回は日比谷公会堂で公開収録され、以後、月二回の放送、テーマ曲「ハイケンスのセレナーデ」で人気を集めた。ほうれん草、名前は出てきませんが、句の裏にポパイのイメージがあります。ポパイのパワーの素は健康野菜のほうれん草。戦前からポパイは日本でもよく知られた人気漫画でした。

1943
6月

「番傘」第六号。

明日からは四温はつきり南風　　榎園翠塀（朝鮮）
メガホンでなら叱りよい隣組　　深野吾水

三寒四温の四温がとくにうれしい北国の春です。「在米同胞の旧稿／大東亜戦争開戦直前に北米から発送されたらしい郵便物が、この程私たちの手に届いた」という報告記事から、スポーケン吟社第十一回例会の四句。スポーケンはアメリカ西海岸、ワシントン州の街でシアトルから東へ四五〇キロ離れた州第二の都市。雑詠、陣中柳多留他と続きます。

○北米スポーケン吟社詠草

ツと開けるドアへ鼠の逃げる音　呑天
音だけはいゝなとぼろカーほめてやり　稜洋
エイトミリ笑ふベビーへ皆笑ひ　双葉
思ひ出のアルバムめくる淋しい日　桔梗
あをによしもんぺが走る鹿走る　布施　川村伊知呂
住職も鐘も仏具も征つた寺　大阪　小林法泉
警報は本物街は真の闇　豊中　瀧川青苔
鉄の無い球場球の音も消え　松江　古割舞吉
たゞ椰子が頼み敵機の急降下　比島　春岡洋士
新聞に出ない戦果を日毎積む　比島　加藤勝久
少年よ来れ戦車のビラに立ち　辰巳　番傘交流会（大阪）

アメリカでの川柳です。日本語に英語が混ります。エイトミリ＝8ミリ、今はデジタルビデオカメラでムービー撮影、音声付ですが、当時はアナログの8ミリフィルム使用で無声映画でした。日本で8ミリの家庭映画全盛は60〜70年代。富士フィルムの規格、シングル8フィルムでの8ミリ家庭映画ブームがあった。「ワタシニモウツセマス」というコマーシャルが記憶にあります。野球場のバックネットも座席の金具も金属供出で消え、野球ができる状況ではなくなってきましたが、プロ野球が休止声明を出したのは昭和十九年十一月十三日でした。徴兵は二十歳からでしたが、十五歳から志願で兵士になれた。

編輯後記に「校了近き日の午後、山本連合艦隊司令長官の戦死をきく。青天の霹靂、しばし耳をうたがふ。川柳人の赤誠翌日の五月常会に元帥の御霊に捧ぐ句を作る。以て巻頭に掲げた」。捧げられた十三句からの二句。

きのふよりけふを輝く海のいろ　　愛日

大いなる神また生れ国護る　　芥春

「山本連合艦隊司令長官　南方最前線で戦死　四月・機上に作戦指導中」「大本営発表（五月廿一日十五時）連合艦隊司令長官海軍大将山本五十六は本年四月前線において全般作戦指導中敵と交戦飛行機上にて壮烈なる戦死を遂げたり」（大阪毎日、五月二十二日）。戦死したのは四月十八日、ひと月以上遅れて発表、六月五日、国葬。

「川柳きやり」六月号。

姑娘の祈る土墳へ春の花　中支　川端英策
迎春花ホロンバイルも楽土郷　興安　小林竹朗
我が命よりも大事な銃と剣　朝鮮　寺戸マサト
酢の利た心太などほしく初夏　小島春翠
電気飴幼き者も列守る　長谷川佳寶
又違ふ噂を聞いた市場籠　二木想夢庵
子の神輿みんな運動シャツばかり　高橋肖五
弾丸になる釜と別れの初昔　三宅巨郎
通信簿見せたい父は征つてゐる　山梨県　川崎船馬
甚平にしちまへといふ夏羽織　村田周魚

ホロンバイルは旧満洲の最北西部の町、現中国モンゴル自治区北東部の市で、現在の読みはフルンボイル。そして、我が命より大事？　そうなのです、銃と剣は天皇陛下より御下賜されたもので命より大事にせよと教育されたのでした。銃器はいくらでも作れますが兵の命は再生出来ません。兵を消耗品扱いにするのが軍隊。今でもやっぱり、心太＝ところてん＝夏です。電気飴＝綿飴＝綿菓子＝縁日。情報が限られているときは、噂一つでも気になります。様々な噂が飛び交うのは状況の悪い時でしょう。繊維製品も軍用優先で布不足。祭半纏も足袋にされてしまったか？　この時代、着物など衣類は自家製が主流。女性は裁縫の腕が問われた。履物は靴よりも草履か下駄。だから靴下よりも足袋が主流。初昔は抹茶の銘柄ですから、この釜は茶釜ですね。釜とはいえど別れが辛いお茶の友です。周魚さんもちょいと自棄を起しそうな雰囲気です。

3　衣料切符が要る死出の旅

1943
7月

「番傘」第七号です。

軍靴脱ぎすてたくなつて山つづく　○　津森郷思

遺骨船従軍僧の靴の音　○　マライ　蔵多李徑

着る方も着たり継ぐのも継いだ服　尼崎　淺田新甫

日比谷公園所見

公園の麦も勝抜く風の中　東京　桑原駒六
火叩きが箒へ泣いた子の戦　宮津　向山紫光
チャーチルのやうな胡瓜を造るまい　兵庫　渡邊みづほ

戦死者の遺骨を帰国させるための船、それだけ大量の死者が出ていた。戦死者を弔う僧侶付軍隊。手回しがいいと言えば叱られそうですが。日比谷公園は、畑になっていたのですね。火叩きを持つ子、箒を持つ子、遊びがいつしか喧嘩になったのかな。当時の英国首相チャーチルは太って丸顔、茄子ならいいのですが、胡瓜だとちょいと不気味です。

「おのれアメリカ　—罵倒文学の再吟味—」から、川柳らしい「おのれ」を二句。

おのれアメリカ軍扇膝をしびれさせ　圭林
おのれアメリカ子供よ飯をよく噛んで　愛日

裏表紙の「時の言葉」は「誓　米英臭の一掃／衣生活の刷新／食生活の刷新／住生活の刷新／冠婚葬祭の刷新／大政翼賛会大阪府支部」。これまで見て来た生活状況から、刷新と言ったってねえ、という溜息が聞こえます。命の刷新ができればいいのですが……。

「川柳きやり」七月号。

お見それは国民服の和尚さん　清水美江
迎へ火の煙り誉の家とあり　菅野十思
　あゝアッツ島
石ぶつけたい衝動もアッツ島　神田仙之助
小さき胸アッツの仇をとる決意　高橋肖五
闇憎む話みんなの眼がきつい　鳥取県　福庭梅晃
売つてやる売つて頂く列にらむ　京都市　宮川春渉
箱一つ児には艦にも戦車にも　岐阜　中島湖月

この時代、戦死者が出ると「誉の家」という表札をかかげて、戦での死を称えた。五月十二日、米軍が北太平洋アリューシャン列島のアッツ島に上陸。「アッ《ママ》ツ島の皇軍善戦」（五月十八日、大阪毎日・夕）、「アッ《ママ》ツ島の皇軍・意気衝天」（二十三日、大阪毎日・夕）、そして「忠烈の極・アッツ島守備隊　一億・誓つて仇を討て　全員最後の肉弾突撃」（三十一日、大阪毎日）。大本営発表によると、二十九日夜、守備隊は「壮烈なる攻撃を敢行せり、爾後通信全く杜絶、全員玉砕せるものと認む」。二千数百人が玉砕。玉砕というといかにもという響きですが、全滅のことです。この闇は、暗闇ではなく、不法取引、裏取引のこと。
磯部鈴波さんのエッセイ「衣料切符」。「何んでも残して置くべきだなとつくぐ思つた事がある……。先日親戚に急死があり、日暮里へ送つたら、衣料切符六点を取られた、あの世へ旅立つにも切符が要る……」。なんと死出の旅に衣料切符とは、あ、やだねえ。

1943 8月

「番傘」第八号です。
「年に似合はぬ若い着物を着てゐる女を町にちらほら見るやうになつた。以前流行つた柄らしいのがあるところをみると、箪笥の底の十年前の着物がそろそろ出はじめたかな。」（エッセイ「人間手帖」水府より）。

欠勤にあらず召された机なり　小島祝平
奉仕隊四五年前は若旦那　船木夢考
畠やら壕に都会も鍬が要り　梶原渓々
双眼鏡に映る敵地も春の色　在満　谷川小宰相
内鮮一如モンペの似合ふ町となり　清津　辻　香代子
昔なら隠したい齢胸に縫ひ　大阪　古下俊作
継のある作業着ぬげば継のシヤツ　東京　高井青二

芸術の閃き継に見せてゐる　高知　岩原風味

兄戦死

営門の別れ最後の顔となる　宮崎　森　用規夫

「内鮮一如」とは、併合した朝鮮は日本国内とあらゆる面で同じであるとする併合政策のスローガン。一如が単なる日本化だったこと、今に響いているのでは？　国民はみな胸に名前と年齢を書いた札を付けていた。継に継、継だらけの日本。営門は兵営の門。

裏表紙に毎号掲載されていた大政翼賛会の「時の言葉」に代って、この号より番傘の常会の句が掲載されるようになった。七月常会の題「国民皆泳」からの「山間のこゝにも黒い子が泳ぎ　日華」ほか全十六句が掲載された。

「川柳きやり」八月号。

繭も兵器だ蠶戦にむち打たれ　山梨県　雨宮土筆

日系の覚悟五族の範へ居る　新京　吉田雄峯

多摩の杜海の護りの二柱　岐阜　中島湖月

軍服になるのだ桑の皮を剥ぐ　徳島県　平井樂山

あるだけの音風鈴屋橋をすぎ　菅野十思
無事な空風鈴も鳴る冷奴　磯部鈴波

お蠶さんの繭から絹、そして落下傘という兵器へ。大日本帝国が満州国建国の理念と称したのが五族協和。日本人、漢人、朝鮮人、満洲人、蒙古人の五族。この協和もスローガンだけだったのか？　多摩墓地には日露戦争の日本海海戦を指揮した東郷平八郎と、この年戦死した山本五十六の墓があります。桑の皮から繊維をとって紙子の軍服？　暑い夏ですが、金属類供出で扇風機はありません。涼味は風鈴と団扇と冷奴……、それと辛しがきいた心太。周魚さんの海月堂句箋より二句いただきます。

亡き友よちよと寄り給へお迎火
物故社人供養
持経一偈句の灯明は消えずあり

1943
9月

「番傘」第九号。
巻頭にある主幹岸本水府のエッセイ「人間手帖」に大牟田の百貨店松屋が作った「店内用語敵性語排撃辞典」が紹介されている。メガホンが「伝声器」、リックサックが「登山袋」、コンビネーシヨンが「続き肌着」、スリツパが「上履き」、ロールキヤベツが「野菜巻」、ミンチボールが「肉団子」、ポンプ、ピン、ズボンはそのままだと。あれっ、今も使う「上履き」や「肉団子」って敵性語排撃の名残なの？

花と散る答辞にしんと鼓笛隊　平井青軺
雌伏とは勝ち抜くまでの三味と撥　川崎銀甲
母を恋ふ盛り航空志願兵　松江　平野錦葉
兄弟は五人亜細亜に散らばつて　愛媛　大野ゆたか
還暦も古稀も米寿も精を出し　名古屋　森田松夢
配給の葱と肉とが間を置き　大阪　藤井堯任
爆笑も警報までの映画館　大阪　金谷勇一郎
何時か散る身認識票磨く　マライ　篠原正二
首さへも上げ得ず壕に米を噛む　勝久
兄弟が千里隔たる鍬と銃　吟平

働き盛りの兄弟が五人とも兵隊やら仕事でアジア諸国へ。若者がいないとなると、お祖父さん、曾祖父さんが労働力として期待され、次の句のように隠居などという言葉は消されました。十七年七月号では田中南都さんが「配給の豆腐と肉がかち合はず」、ああ残念肉豆腐でしたが、今回は葱と肉、無念、すき焼きが夢に。認識票は、怪我や死亡時の本人確認のため、兵士が必ず身に着ける小さな個人識別用の金属プレートです。

「川柳きやり」九月号です。

友は皆征つてしまつた腕をなで 横浜市 石川秀也
趣味の釣いつか暮しの数に入り 大阪 白牛奇朗
けちなことばかりいふ娘のほめられて 村田周魚
国境の向ふも同じ花つゞき 満州 倉林香路
赤茶けた湯を呑む日あり戦する ビルマ 内山舞將
征く友へ遅れた我を恥じて坐し 橋本迷峰

兵になるのが名誉であり、戦死するのが一家のほまれとされていた時代です。

4　もう隠せない程負けていた

1943
10月

「番傘」第十号の巻頭は、九月二十三日に大阪の四天王寺で行われた初代川柳忌での国文学者潁原《えばら》退蔵《たいぞう》（一八九四〜一九四八　当時、京都帝大講師）による「川柳の文芸精神」と題した記念講演の速記録十一頁。その参会者百二十名の句会吟の三題から二句ずつ、続いて同人吟と雑詠。

大阪風景

戎ばし水は流るゝ巻脚絆　愛日

御寮はんの号令透る残置灯　伊知呂

智恵

智恵借りに来たといくらか持つて行き　默平

人間の智恵は成層圏を飛ぶ　萬樂

畳

常在戦場爆風よけにする畳　苞夢
何年かいくさの留守と知る畳　水府
子の笑顔まざ〳〵皿のパンつゝむ　平井青軺
産まぬ鶏めぐるわが家の審議会　戸奈巳之介
艪も櫂も女鰯の船つゞく　角野素風
大雷雨耳に散華の友思ふ　太田茶人
簡単服と国民服の墓参り　高松　池内十里
道順に防空壕も二つ三つ　貝塚　津田千舟
アパートの蓖麻は窓から水をやり　名古屋　古川夕照
写真帳このネクタイは今鼻緒　台北　上妻想一郎

男が戦にとられて、漁師も女性、歌謡曲によく登場した「女船頭さんはよ〜」です。「簡単服」というのは「アッパッパ」と言われた文字通り簡単に作れる婦人服のことです。蓖麻《ひま》を詠んだ句が増えて来た。次号で主幹水府が「前号秀句推薦句」の短評中にこのアパートの句をあげて「……この句はたゞの写生句として、肩すかしをしたやうに、それでゐて、如何にも蓖麻の各地到るところに生ひ繁つてゐることをおもはせ、蓖麻を育てるアパートに住む人の生活を反映させてゐるのが捨てがたい」と。蓖麻＝唐胡麻（とうごま）、実からひまし油がとれ、下剤として使ったが、この時代は石油が欠乏して、航空機エンジンの潤滑油として使い、松の根からは航空機燃料となる松根油を作っていました。

煙草の火から故郷を尋ね合ひ　北支　片山眞治
本物の漫才師いる娯楽会　○○　齋喜豊水
月雲に入る間ねらつて匍匐《ほふく》する　仏印　大川巴羊

コラム「あれから」に「▼八月、九月、十月号と遅刊が続き諸氏に御心配をおかけしたが、印刷所の能率低下が原因、編輯陣も従前通りになつて取戻し努力中」。熟練工が兵役にとられたための能率低下でもありました。

「川柳きやり」十月号です。

一束の藁有難し露営の夜　中支　宮崎詩情
死ぬ時は死ぬんだ兵の高いびき　中支　岡納昇一郎
煤煙を吹き込む貨車に兵眠る　満州　小林竹朗
力餅名だけが残る峠茶屋　杉並区　依田武芳

義兄三度応召

挨拶も気軽く三度兵となり　大阪 吉田千狐
バドリオの愚少国民も知り　阿部佐保蘭
竹槍の喊声《かんせい》きびし隣組　寺田秀月
虫の声長男次男既に神　今井九曜亭
取り的も地下足袋両国ばしの空　三宅巨郎

九月八日、無条件降伏と報じられた時のイタリアの首相はピエトロ・バドリオ。朝日新聞九月十日夕刊トップ見出しは「伊、同盟を裏切れるも　帝国必勝の信念不動　一億一心団結を要望」。並んだ見出しは「イタリア無条件降伏　バドリオ・休戦布告　今暁遂に停戦す」。取り的、相撲ファンならご存知、幕下以下、特に序二段、序の口の力士の俗称です。

1943 11月

「番傘」第十一号。

蓖麻の葉を揺り祭の太鼓鳴る　平賀紅壽郎

「敵機爆音集」試聴

つむる目の奥に小癪なボーイング　日下部舟可
サイレンはもう工場のものでなし　出口夢詩朗
訓練日戦闘帽の僧が来る　河原魚行
出勤を気にし豆腐の列にゐる　村瀬微笑
左翼手は草も一緒にひつつかみ　加藤香風
富士だけを読んで読書が趣味といふ　俊作
子供差上げ時間がせまる赤襷　大　阪　森北三四郎
爆風もすでに身近に待避壕　満　州　今井鴨平
転勤は自分が砲撃したところ　海南島　岩尾博吉
警報発令子がその辺に見あたらず　名古屋　梅田桃源
一柱あなたと呼べる神であり　小　松　上野錦水
戦況となつてラジオを拝む人　貝塚傷療　柳崎正泉
カズノホン兵隊さんと戦闘機　戸　畑　渡部椰子兵
イタリヤは他所ごとでなし気が締る　大　阪　阪田柳五
明日からのほまれへ今宵金鵄すふ　次弘（大牟田番傘川柳会）
喪主出征中死亡広告膝正す　夏子（赤壁川柳会・大阪）

「敵機爆音集」この音が来るのだ！　とコロムビア改め「ニッチクレコード」の広告が朝日新聞五月二十一日夕刊に載ってました。敵機襲来の警戒警報、空襲警報はサイレンで知らされた。春夏、甲子園の高校野球で聞かれるあの音。私、サイレンで防空壕へ逃げ込んだ怖い記憶があります。野球やっていますね、敵性といわれようがなんのその。この年の二月に、英米語の雑誌名が禁止された。人気大衆誌「キング」は「富士」と改名。「警報発令」、幼児は戦時中と言っても戦は無関係、遊びに夢中。私、三輪車で遊んでいて、この句の情景をつくってしまった記憶もあります。戦場の父よ夫よ我が子よ無事でとラジオを拝みながら戦況報道を聞く留守家族。国民学校の算数の教科書カズノホン（数の本）は兵隊さんと飛行機の数でお勉強。「ほまれ」は軍隊用たばこの銘柄です。

1943 12月

「番傘」第十二号。「産業戦士と共に」と題し、常会の句が並ぶ。句に出てくる「女子青年」とは、女子青年団の略です。

一機一艦たのむと朝の煙見る　砂人
作業服と吊革に立ち祈る日々　水府
武器つくるこの音天に地にひゞけ　夢路
十七時いも弁当で戦果聴く　華美也
女性進軍我家の弁当一つ殖え　良一

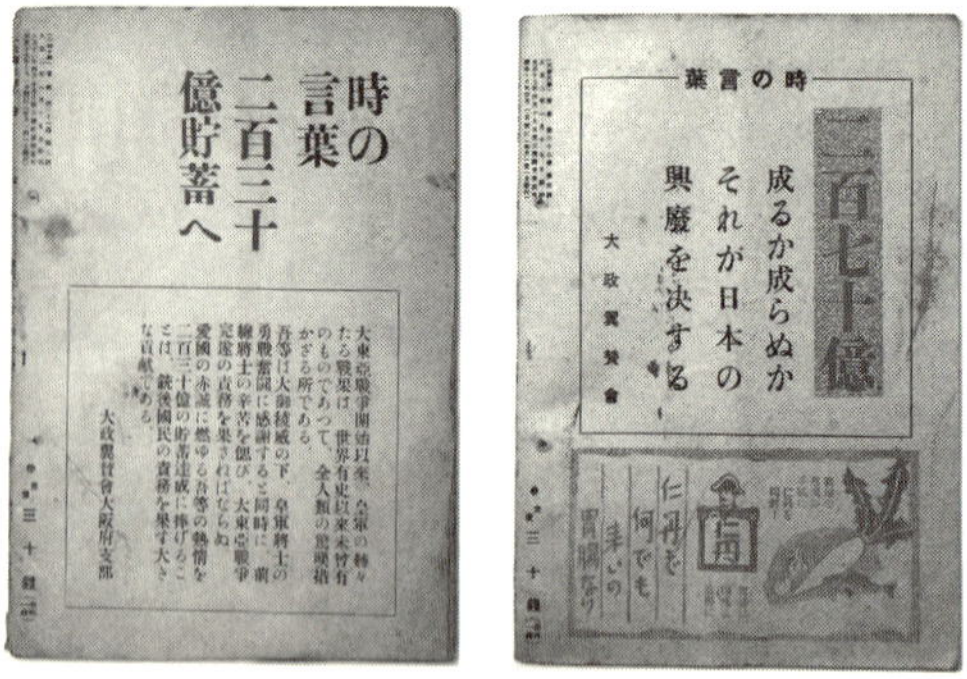

時の言葉
二百三十億貯蓄へ

大東亜戦争開始以来、皇軍の赫々たる戦果は、世界有史以来未曾有のものであって、全人類の驚嘆措かざる所である。

吾等は大御稜威の下、皇軍将士の勇戦奮闘に感謝すると同時に、前線将士の辛苦を偲び、大東亜戦争完遂の責務を果さねばならぬ。

愛國の赤誠に燃ゆる吾等の熱情を二百三十億の貯蓄達成に捧げることは、銃後國民の責務を果す大きな貢献である。

大政翼賛会大阪府支部

時の言葉
二百七十億
成るか成らぬか
それが日本の
興廃を決する
大政翼賛会

貯蓄の呼びかけ（「番傘」昭和17年7月号、昭和18年4月号）

旗だすきをかけ、寄せ書きの日章旗を手にした出征前の
記念写真（クボタ写真館　久保田真一提供、昭和館蔵）

新聞広告（いずれも朝日新聞夕刊、左から昭和18年10月14日付、7月9日付、5月21日付）

女子青年男につゞく銃を持つ　兼子
嬢はんの声とは別な女子青年　照次

激しい新聞見出しが続出していました。「単機・敵戦艦と刺違ふ　指揮官機先陣、捨身の突入／この壮烈・敵艦隊を撃滅す／第二次ブーゲンビル島沖航空戦記」（十一月十七日、読売報知）、「ギルバートに戦果拡大／戦、巡艦三隻を撃沈破　空母五隻を轟撃沈す　タラワ島に激戦続く」（十一月三十日、東京朝日）。

「より多くの機を艦を弾丸を前線に送るため日夜をわかたず、ひたすら励む増産戦士に感謝の意を籠めて、第一次、二次、三次、四次、五次とつゞくブーゲンビル島沖の大戦果の感激まだ覚めやらぬ二十日夜、増産戦士と膝つき合せて共に作る会を、十一月本社常会として大阪共済会にひらいた」というその句会の作品でした。コラム「あれから」にも「相つゞく大戦果、ブーゲンビルにギルバートに、力強き限りである。……」とあるのですが、現実は「タラワマキン陸戦隊の全員玉砕／十一月廿五日　最後の突撃を敢行、全員玉砕せり」（十二月二十一日、東京朝日）、ということに。

ブーゲンビルはパプアニューギニアの島。その東に連なるソロモン諸島のガダルカナル島。そこよりも赤道に近いギルバート諸島のマキン島、タラワ島。南太平洋の島々です。平成二十五年、ギルバート諸島は温暖化で水没の危機と話題になりました。

明日征く子港の宿の塗枕　川崎銀甲
校庭と営庭えらぶところなし　村田眉丈
歌舞伎座の舞台からきく海ゆかば　富士野鞍馬
出陣の学徒校旗に感深し　太田茶人
五分間停車一輛みな白衣　木下愛日

征弟来一信

鮫の居る海それからが泳げない　桑原駒六
音盤へ国土に育つ竹の針　辰巳吟平
児を抱いて歩くしあはせ不しあはせ　福島　田澤有石
仏壇に帰り英霊子と呼ばれ　兵庫　余野公風
日本の服軍服と作業服　大阪　森本樹鳥

塗枕は漆塗りの箱枕で遊里等で使われたと辞書に。学徒出陣、校庭も営庭も同じ、学校は軍隊と変らない状態になってしまった。「出陣学徒・元気で征け　けふ帝都で厳粛な壮行会」（十月二十一日、大阪毎日・夕）。『召され征く出陣学徒を送る「壮行の式典」出陣学徒壮行会は秋色深む廿一日午前九時から日頃学徒が武を練り技を競つた思ひ出の聖域、明治神宮外苑競技場』で行われた。サメのいる海だといわれたら、誰だって海には入りたくないでしょう。船がやられて泳ぐ羽目にならぬよう祈るだけ。そして、レコードの針も竹の針へ。これは、音質がやわらかで好評だったとか。78回転のSPレコードの時代です。子供を抱く幸せ、だが、「神」の子を抱くのは幸せ?

「川柳きやり」十一月号、十二月号 合併号。そのわけは、後ほど申上げます、ということで合併号の句です。

祖母の琴尊くも亦下駄になり 村田周魚
父と聴く心地ラジオは浪花節 牡丹江 後藤華咲
虫の音を幕舎に聞きつ母へ書く 中支 川端英策
よく聞けば唄も勝ち抜く盆踊り 大阪 吉田千狐
主人帰還
又召され征く日の覚悟確と持ち 世田谷 高橋愛子
学徒壮行その懐しの応援歌 三宅巨郎
胃ぶくろも戦ふ日日の続くなり 水谷要人
子の机夕べ送つた紙の旗 磯部鈴波

娯楽はラジオからの浪花節、講談、落語の時代。まだ盆踊りの余裕はあったようです。朝日新聞七月九日夕刊に「踊れ！職場で農村で　決戦盆踊り」というレコードの広告。

「謹告　本誌印刷所の整備等に関連し、本号を十一十二両月合併号と致し、……寄贈誌全廃、年極予約誌友並に賛助社友諸氏のみに送付申上る事となりました、……」。ベテラン職工は戦地へ、印刷機は兵器へというわけで、印刷所は再編ということに。

「編輯室を覗く」というコラムに「さて紙の問題であるが部数を減じれば多くの頁が取れることになる訳だが、予約お申込諸君だけで満数の現在、……」と紙の配給数が限られているわけで、どうにもならず、こういうことになった。

「再告　同じ事務所、同じ工場内等で個々御申込の方はなるべく一冊として読書隣組をお作り下さい。表紙裏に読了捺印の欄を設けてありますので御利用ねがひます。戦線と賛助社友以外の寄贈もいよ〱不可能となりました事御諒承ねがひます。—発送部—」

戦も世相も厳しい状況下、昭和十九年の新年号はどんな造りになるのでしょう。

第三章

スイカもメロンも無い夏

その昭和十九年

（昭和19年第1号　装画：山口草平
第9号から表紙が消えた）

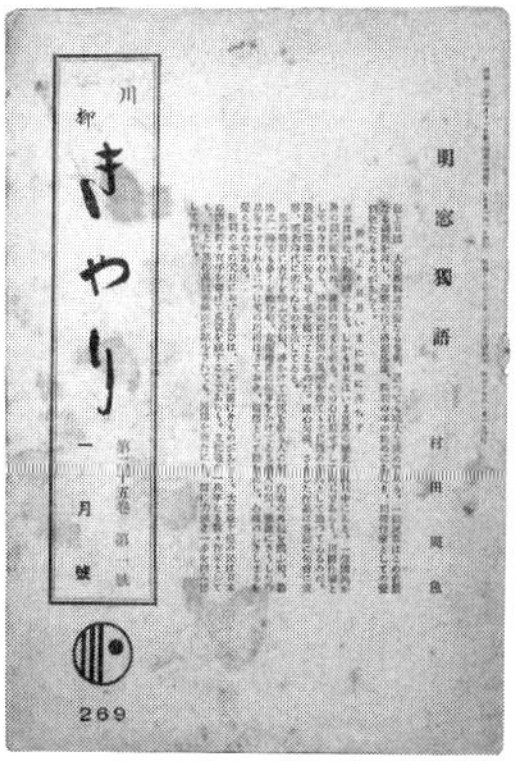

（昭和19年1月号　表紙が消えた）

太平洋戦争関連年表

昭和19年（1944）

1月26日　東京、名古屋に疎開命令（建物強制取壊し以後各都市で実施）。
2月17日　米機動部隊、トラック島空襲。艦船43隻、航空機270機損失。
2月25日　文部省、食糧増産に学徒500万人動員を決定。
2月29日　米軍、ニューギニア近海ビスマルク諸島北部のアドミラルティー諸島ロスネグロス島に上陸。ラバウル地区が米軍の背後に孤立。これまでの南東方面の損害の合計、死者13万人、艦艇70隻、船舶115隻、飛行機8千機。
3月1日　東京歌舞伎座、東京劇場、大阪歌舞伎座、京都南座等19の劇場休場。
3月4日　宝塚歌劇団、この日限り休演。阪神地方のファン殺到、警官抜刀整理。
3月5日　警視庁、高級料理店850店、待合芸妓屋4300店（芸妓8009人）、バー・酒店2000店を閉鎖。
3月6日　全国の新聞、夕刊を廃止。
3月31日　松竹少女歌劇団解散し、女子挺身隊を結成。
5月5日　東京で国民酒場開店。1人、酒なら1合、ビールなら1本の割当。
6月15日　米軍、マリアナ諸島のサイパン島上陸（7月7日、守備隊3万人玉砕、一般島民約1万人死亡）。
6月16日　中国大陸基地のB29北九州空襲。
6月19日　マリアナ沖海戦敗退（日本海軍、空母・航空機の大半を失う）。
7月4日　大本営、3月8日開始のインパール作戦失敗を認め作戦中止を命令（作戦参加10万人中、死者3万人・戦傷病者4万5千人）。
7月18日　東条内閣総辞職。
7月20日　文部省、学童集団疎開の範囲を東京のほか12都市に拡大。
7月21日　米軍グアム島上陸（8月10日、日本守備隊1万8千人玉砕）。
7月24日　米軍テニヤン島上陸（8月3日、守備隊8千人玉砕）。
8月4日　東京からの学童疎開開始。
8月22日　沖縄からの疎開船対馬丸、米潜水艦の魚雷攻撃で沈没、学童700人を含む1500人死亡。
10月10日　米機動部隊、沖縄を空襲。
10月16日　陸軍特別志願兵令改正公布（17歳未満の者の志願を許可）。
10月18日　陸軍省、兵役法施行規則改正公布（17歳以上を兵役に編入）。
10月20日　米軍、フィリピン中部レイテ島に上陸。
10月24日　レイテ沖海戦（連合艦隊の突入作戦失敗、主力を失う）。
10月25日　レイテ沖で神風特別攻撃隊敷島隊初攻撃。敗戦までに陸海特攻約3000回出撃、2500人戦死。中国基地のB29約100機、北九州を空襲。
11月1日　新聞2頁に。
11月3日　陸軍気球連隊、千葉太平洋岸から風船爆弾を米国に向け発射。
11月13日　日本野球報国会、プロ野球の休止声明。
11月24日　マリアナ基地のB29約70機、東京を初爆撃。
12月7日　東海地方に大地震、津波。死者998人、全壊2万6千戸余。

1　子供も大人も、みな労働者

1944
1月

食糧増産のため、一月二十四日、西瓜、メロン、マクワ瓜の不急作物作付けが禁じられた。夏の景物が消える。「作付禁止とまでは行かぬが苺、……トウガラシ、……シロウリ、……等は作付抑制」（読売報知二十四日夕刊）。報道管制が敷かれて、勝った勝ったと発表されても、現実の劣勢はひしひしと伝わって来たのでは？　それでも、身内の誰かが戦場にあると、疑うより勝ちを信じるしかなく、心情に訴えて「がんばろう」だったのだろうか。

「番傘」昭和十九年第一号は主幹岸本水府の巻頭言「迎春」が相当緊迫してきた状況を伝えている。「戦果と戦局を区別して、爪の先まで戦ひぬかん決意の前に、新しい年を迎へた。／われらの十七字に爆音が聞え、鉄を打つ響が聞え、俎《まないた》の音が聞える。／こゝに決戦体制の新年号を出す。それは前線の勇士が缶詰のレッテルに作句した尊さを連想させる薄い雑誌である。一行、一頁、今こそ天地の恵みに涙して感謝せねばならない。句作出来るよろこび、雑誌が出せるよろこび、ことしもひときばり、白襷で征かう。」

昭和十七年新年号の本文は六十六頁あった。この昭和十九年新年号は本文三十二頁、開戦時の半分以下。戦場から届く句には厭戦気分も読み取れるし、戦場で負傷した白衣の作品からは現実が透けて見える。

兵の夢モンぺり、しい母があり　中支　星野遞坊
幾転戦まだ生きてゐる爪を切り　ジャワ　奥原雨人
眼をとぢて暫し故郷の皆と居る　南方　氷川時雨浪
大戦果どちら向いても白衣かな　伊藤貞雄（白衣句帖）
征く戎衣帰る白衣の汽車の窓　滿魚（山中渓合同句会）

学徒出陣

鴻毛*より軽しとしるしノート閉づ　和田木圭
行列にモンぺ似合ふ娘似合はぬ娘　小田夢路
大戦果聴けり無口になりにけり　堤　雨少
外套脱ぐ学徒の肩に赤襷　倉本勤也
駅近く住めば万歳風に乗り　太田茶人
料理屋の庭が今日から寮の庭　小川舟人
店頭はめつたに買はぬ物ばかり　大阪　谷本青風
遠足も名前を変へて菓子を持たず　東京　山東凡外

嘘のやうに捷つたラジオを去り切れず　岩手傷療　佐藤正人

学生は皆召されたり町籍簿　室　戸　賀戸砂丘

神詣戦場に兄故郷に母　奉　天　巽　省七

戎衣＝じゅうい＝軍服。学生も戦地へ。大戦果のニュースにも無口になってしまう現実。戦死者多数による大戦果ですから。兵士をおくる万歳の声が連日聞こえて来る。兵士がそれだけたくさん必要とされるのは、傷つき戦場を離れ、また英霊となる者が増えていること。皇軍は連戦連勝のはずだったのですが……。地方からかき集められた徴用工はにわか造りの寮へ。ちょっと前まで三味の音がした四畳半。遠足は「鍛錬」となりました。そして、銃後はただ祈るだけ。

表紙、裏表紙以外を記事で埋めてなんとか本文三十二頁を確保したのですが、「用紙配給量が予定より減少したため、紙数に制限をうけ同人月旦、句会の姿の休載の他、用意した多くの玉稿を割愛せざるを余儀なくされたことをおわびしたい。」という結果に。それに加えて「本号より印刷製本税（特別行為税）加算のため」売価が三銭値上げで三十三銭に。踏んだり蹴ったりです。特別行為税は昭和十八年に戦費調達のためできた税で、写真撮影、調髪美容、染め物、仕立て、表具、印刷製本料金に対し、印刷製本は二十％、他は三十％の税率で課税。本来の税制でやりくりすべきもの。現在の消費税もこの特別行為税同様で、政府にとっては麻薬のようなもの。やってはいけない税です。

「川柳きやり」の昭和十九年一月号は表紙が消え、左側縦四分の一を短冊のように囲んで中に川柳きやりと。あとは「明窓独語」で埋めて表紙代わりに、全十六頁。

御題拝借の川柳「海上日出《かいじやうにひいづ》」から二句。戦火激しい中でも宮中では年中行事が粛々と行われていたのですね。

大東亜海敵撃滅の日出づる　周魚
くろがねの浮城を守りませ初日　巨郎
令状といふ現実へ端座する　大阪　北垣神風
父黙し母祈りして子は征きぬ　茨城　佐藤南極星
火叩きの街を花嫁徒歩で来る　大阪　田村水車
昼の列時計の針は十一時　村田周魚

召集令状が来ても、二年前の開戦当時、お召は誉だ、日本人の心だと勇んだ頃と変わって静かになってきました。この二年ほどでより死が近くなったせいでしょうか。徒歩で嫁入り？　あまりな簡素化です。昼食は一時間前から並ばなければ食いそこなう。戦争とは、常会の句、「人間の智恵人間を殺す智恵　哲茶」、そのままです。

後記に「……本誌も本号より用紙資材等の事情に鑑み従来の厚表紙を廃し、共表紙の戦時規格を実行、発行部数も年極誌友諸氏配布を維持するため貧弱な頁となりましたが内容重点主義の卜に逐号御期待に添ふやう努力致します。……」と。周魚さんの「鶉山雑記」に書かれた「勝利の年の第一歩として二三新しい試みを発表するつもりでゐましたが、旧印刷所の整備問題でそれも果し得ず、新しき印刷所の親切によつて此一月号を送られる事だけでも幸に……」の記述から、印刷に支障が出ている事が見える。

1944 2月

「番傘」第二号。さらに「二月号」と月号も復活。全二十八頁。戦地の昭南川柳会の二句、陣中柳多留二句と同人の番傘川柳ほか。

虎造も勝太郎もゐる野戦風呂　平　清人
挙手の礼受ける兵の目兵補の目　堀江辰也
毛布にもしばし明日から草か藁　中支　谷　英一
枕ひとつひとつに故郷の夢がある　比島　馬場魚介
妻日帰そして四人の母の用　内藤凡柳
あきつ神仰げ亜細亜は一つなり　近江砂人
事務所今紅十点といふ景色　富士野鞍馬
未生流昼は軍手を嵌める手に　大阪　橋本多門

たそがれを母にかへつた女工員　大分　加藤圭路

勝つ国にその名働く子供隊　愛知　村瀬單衣

人形を抱いてお伽の国に寝る　高知　村田一人

無我となり査閲の庭に死を学ぶ　福島　立石弦月

新春を迎へる部屋の防毒面　清津　辻　香代子

百貨店機械の音で黄昏れる　大阪　天野美塵

白い息とれたお日さまありがたう　奈良　梶　正治

兵補―現地人採用の兵。日婦＝大日本婦人会。全国規模の婦人団体で大政翼賛会の下部組織。出征兵士の送迎、防空訓練、竹槍訓練、貯蓄奨励などの活動が中心。主婦もまた大変な時代でした。戦前戦中は、あきつ神（現つ神）＝この世に姿を現している神＝天皇でした。事務は女性の仕事となり、まさに紅十点、あるいは黒一点。未生流は華道の流派。男も女も子供も母も兵士以外はみな工場労働者。幼児だけが平和な夢の中。学校では軍事教練。年に一度高級将校による成果の視察が行われ、それを査閲と言い、学校は兵士養成所となっていた。堅牢な建物で、広いスペースがあるからと狙われた結果、デパートは売場供出ということで、売場が事務所や工場に。「こうして供出した売場は、大阪国防館や戦時市民生活館などの軍事広報施設、あるいは油脂統制会や軽金属統制会などの配給統制団体、大日本工機や三菱重工、三菱電機、トヨタ自動車、日本製鋼所、大日本兵器などの製造会社に貸与されたほか、後述の高島屋電機製作所としても使用した。」「……陸軍省の軍需管理部の要請により、三菱電機の協力工場として航空機用通信機の製作、組立てをおこなうことになり、……」（「高島屋１５０年史」昭和57年　高島屋刊）。燃料不足で家の内も外も寒い。頼りは太陽さんだけ。まったくありがたいお日さまです。

「川柳きやり」二月号（十六頁）

寒さうに商事会社の社長さん　野村圭佑
月夜毎冴へて戦況苛烈なり　伊藤爲雄
真夜中も敵激滅の火華散る　小島春翠
戦友は神元旦の鈴の音　豊島　桑原駒六
混食も馴れれば旨い芋の味　下谷　越山雑魚
ニユーヨークいつかは下駄で踏んでやる　名古屋　川本呂風

配給中心で一般の商いが成り立たなくなってきた時代の商事会社の社長さん、寒さひときわ身に沁みたでしょう。工場は昼夜を分たず兵器生産です。混食とは、米に雑穀を混ぜた物の他に、芋、豆、外米を混ぜたものまでをひっくるめて言いました。

「後記」に「戦ひは益々激烈を加へ事態は内外共に緊迫して参りました。日についで応召、応徴戦士の多数を川柳作家からも送り出してゐます」。青年、壮年の男性は戦場か工場へ。超高齢の老人と幼児以外はすべて戦力か労働力となった日本です。

新聞の見出しも苛烈です。「敵の総反攻愈々急迫　わが陸海の荒鷲各地に奮戦／比なき激戦／迫る一大決戦」（二月二十六日、読売報知）。

2　造れ送れといわれても……

1944 3月

「番傘」の雑誌タイトルに大きく「撃ちてし止まむ　造れ・送れ・撃て」の標語を添えて、**三月号**（本文二十四頁）が出ました。

「聖戦川柳　陣中柳多留」、この号から陣中柳多留のタイトルの頭に「聖戦川柳」をプラス。前線からの句が悲壮感をにじませてきました。銃後はどんな状況でしょう。

この便り海路無事なるを祈る　南海　眞木浪星

此処もまた霧のアッツへ続く日日　満州　谷川小宰相

死は易く生きるに難き弾雨に伏す　マライ　篠原吐里庵
廃業の訳を先祖へ申上げ　榎本聰夢
朝霧のモンペ夜霧の巻脚絆　岡本青鳥
警報下畳へ円を描く明り　寺尾新兒
子の寝息きく夜の膳も作業服　名古屋　梅田桃源
夕焼小焼予科練の歌帰るなり　香川　三木時雨郎
怒らない客木炭車押してゐる　大阪　田中吟華
家中のおみくじみんな南よし　大阪　福浦美津愚
増産へ猿に別れた猿廻し　大阪　福島不二夫
赤帽を呼べば乙女の荒い息　貝塚傷療　辻本三江子

戦に関係のない職業は廃業か転業、あるいは強制疎開。工場労働者は早出に残業に夜業、みんな「御国の為」でした。電灯は光が広がらぬ様に笠に円く腰巻きのような黒い覆いを巻き付けて直下の一部だけ円形に照らす仕組み。子供の愛唱歌は断然、〽若き血潮の予科練の七つボタンは桜に錨……の「若鷲の歌」（昭和十八年　詞・西条八十　曲・古関裕而）。予科練とは、土浦にあった海軍飛行隊の予科練習生のことです。木炭車はエンジン出力も弱く上り坂になると乗客が降りて押すのです。当るも八卦当らぬも八卦と言いますが「南よし」は大外れでした。

「諷詠日記　水府」の十二月二十日（い陸軍病院）に「席上マキンタラワ島勇士玉砕の発表を聞きて……」という記述がある。マキン・タラワ両島に米軍が上陸したのは十一月二十一日で二十五日に両島守備隊玉砕。公表までに約一月です。

「あれから」に「▼僚誌の二三は国家の要請により既に廃刊したのがある。いづれも多年柳界に尽された功績の少からざるをおもひ深甚なる敬意を表する。……」と。麻生路郎の「川柳雑誌」（大阪）は二月末に終刊号を出した。「ふあうすと」から改題した椙元紋太の「もめん」も終刊号を。新聞は開戦後の十七年から整理統合で一県一紙。十九年三月には夕刊廃止、十一月になると二ページになってしまう。紙不足と情報統制からの整理統合、川柳も例外ではなく、関東一誌、関西一誌ということになった。さて、残るのは？

そして、増税でまた値上げ。「社告／印刷製本税（特別行為税）増税のため次の如く一部売価を変更致します。……売価一部三十五銭（特別行為税を含む）送料二銭……」。

「川柳きやり」三月号（十六頁）、句会の宿題「都市疎開」から二句他。

三代の暖簾あつさり疎開する　ゆたか
官庁疎開給仕も列ぶ二重橋　眞樹
神風は期さじ精魂ある限り　深川　三宅巨郎

父も娘も母も一つの灯でよなべ　浅草　長谷佳寶
いつそもう三度を粥と決めちまい　芝区　井田呵樓
とんかられ男世帯は助けられ　大阪　長田水堂
戦闘帽一色春の人の列　山梨　川崎船馬
戦地から子は子で母の無事願ふ　王子　鈴木番茶
節電の日暮炭団の赤さ知る　村田周魚

「建築物の〝除去命令〟先ず東京名古屋で　空地帯、疎開空地を急設　疎開に初の強権」（一月二十六日、大阪毎日）、内務省が、指定地区内の建築物強制取壊しという改正防空法による初の疎開命令を出した。〽とんとん　とんからりと隣組　地震やかみなり火事どろぼう　互いに役立つ用心棒　助けられたり助けたり　戦時歌謡「隣組」（昭和十五年、詞・岡本一平　曲・飯田信夫）の三番の歌詞です。

3　理由なき廃刊指令

1944
4月

「番傘」四月号（二十頁）

子は寝たか船は南へ行くばかり　比島　福井綾人

うすやみに明日のいくさの壕を掘る　仏印　大川巴羊

長男潔出生

子よ伸びよ父を見る日のあるやなし　ビルマ　生島波濤

まゝごとも外食券が要ると言ふ　榎本聰夢

戦争は苛烈良縁です算木　武田笑門

まだ生きてゐて笑ひ合ふ泥の顔　古佐田思耕

一家今日国策炭団製造所　棚橋百亭

精進一年戦闘帽の女形　生島鳥語

爆音へ輪廻しの影みな崩れ　山田菊人

国内にも戦が目前に迫ってきました。もう銃後というより前線という時なのに占は良縁、さあ悩みは深まる一方です。炭の粉を丸く固めて乾かして燃料の炭団完成。この時代の子どもの遊びの一つが「輪廻し」。輪になっているものを棒切れ一本で倒さずに廻しながら走る。単純な遊びですが夢中でした。

「消息　本誌は三月二十五日、当局から、残存誌としての指令を受けた。残るものも、残らざるものも共に国策の示すところにして戦局に処する道は一つであることは言ふまでもない。……」。雑誌の整理統合が行われていました。「番傘」は関西の残存川柳誌と決定。全国発売のみならず、大陸、朝鮮でも発売されていた知名度が第一、更に裏表紙へ翼賛会の「時の言葉」掲載など、翼賛行事への協力ぶりも勘案されたのではないかと思われます。さらに当局は雑誌統合＝結社統合を勧めていましたが、各川柳結社は、雑誌はなくなっても団体は存続させる意向が強く、統合ではなく自主廃刊が選択された結果でもありました。

久方に和尚を訪へば鉄工所　兵庫　余野公風

声かけて見たいひとりの旗襷　東京　伊藤突風

きり〳〵舞課長と僕とだけ男　大阪　田中南都

市役所にあひるのことで用があり　京都　堀　保史

性は善とは思ひつゝ包む下駄　尼崎　淺田新甫

双葉山同士取組む子の土俵　西宮　高柳忠ひろ

英霊は畑に荒れた手に抱かれ　小倉　手島吾郎

万歳の声で送られて出征する中に、送る人もいない旗襷の兵一人。余計なお世話かなあ、武運長久！　と一声かけてあげたいが……。アヒルの玉子は栄養価も高く、食糧増産の一助に飼育が勧められた。羽毛は北方勤務の兵士の防寒具に。物不足で盗難続出です。性善説を信じたいのですが。相撲は春夏の年二場所時代。昭和十一年春場所七日目以来勝ち続けた横綱双葉山、昭和十四年春場所四日目、安芸海に破れ連勝は六十九でストップ。でも、人気は絶大で子どもの相撲ではみんなが双葉山を名乗りたがった結果の取り組みでした。

裏表紙の「時の言葉」は久々に大政翼賛会大阪府支部作。「精進一年／必ず勝つ　／敵、何するものぞ／見よ、われら／正義の怒りを／この職場この持ち場に／たたき込んで／敵の兇悪不逞の反攻／を／がつきとはねかへし／微塵にうち砕くのだ」。こういう世の中じゃ、言葉だけといってもねえ……。無神経でもあるなあ。どこかに「もう、いいかげんにして！」と吹き出しを付けたい気持ち（当時はこんなこと、口が裂けても言えませんでした。言った途端、周りからは非国民の声、で、特高に逮捕された）。

「川柳きやり」四月号（十六頁）

雪の道マーチヨの馬のひげ凍る　文官屯　篠崎しげを
友征きぬ鉄路の響なほもあり　新義州　高木満山
氏神へ母を頼んで学徒征く　大　阪　六車峰山
着たまゝで寝る鉄兜手が届き　突風
妹へお古だらけの春が来る　◯丸

マーチヨ＝中国語で馬車のことです。駅のプラットホーム。列車が出発した後、しばらくはカタンコトンという線路の響きが聞こえてきます。列車が見え無くなるまで、ずーっと見送っていたんでしょうね。夜は着たままで寝て、警報ですぐ防空壕。弟、妹はいつも古着、ああ、あこがれのニュー（この状態は昭和二十年代後半まで続いたような……）。

1944 5月

「川柳きやり」必勝祈願五月号（十六頁）海月堂句箋から二句。

忠霊につづけつづけと花吹雪
母として征く子に欲しき柏餅

「川柳きやり」誌創刊二十五周年の企画、「決戦体勢　全国川柳作家誌上協議会」（参加三十七人）にこんなやりとりがあった。

「**柿亭**《してい》　今の川柳を読むと誰も彼も本心を打ち明けず……失礼ながら一句もピンと響くものがない。
琴荘《きんそう》　決戦下今日の川柳として全体的に見て句材は時局柄戦時的素材の多いのも結構だが句語や句の姿に余りにも経済雑誌用語や軍事用語の羅列的であると偶々考へさせられる点があります。
六佳史《むかし》　記録的慰安とでも云ひますかナ。
花川洞《かせんどう》　当然来る処へ来た感じです。私は未だ作家としての頭の切替に悩んでます。
蘭花　苦しい句を見受けますが余裕と云ふものをほしく思ふし余裕も必勝信念の一つだと存じます。斯んな時にこそ朗かな句が作られて欲しいとしみ〴〵思ひます。
巨郎《きょろう》　大体のご意見に対する一致点を知りました。これは柿亭さんに叱られたやうですが、然し作家として句会にある時にはどう云ふものか見へぬ大きな力に押され自然句が堅くなるやうな傾向があります。……」

国民すべてが、見えぬ大きな力に押されていたこの時代。本音が飛び出したようで、見えぬ大きな力の手先から、厳重注意と言う脅しが来そうな気がします。

本社創立二十五周年　必勝祈願句会　四月一日・於上野池の端・山樂

母の文母を案じるなと滲じみ　四塊
見つかつた迷子桜の枝とくる　苦勞人
真ツ盛りですと夜業の服で来る　笑菊
健民雑炊厨に捨てるものもなし　壺天
飾窓蜜柑の皮と猫昼寝　横浜　水谷要人
ごつた煮の野菜豊かな妻の里　東京　山田宙望
もんぺにも四谷浅草日本橋　東京　富士野鞍馬
銀鱗があふれ街中どつと春　小樽　佐藤とほる
農閑を地底に挑む人が発ち　山梨　雨宮土筆
架空線戦果待つかの如くゆれ　洲本　佐々木鳥巣
ぜんざいの夢母さんも欲しい顔　京都　都路二絃

戦争中です。花の下での宴会は無理でしょうが、桜が咲くと心うきうき。日本人ですねえ、花を詠まずにはいられない。健民雑炊、厚生省の主導で人口を増やし健康増進のための健民運動というのが行われていて、その一環の雑炊。宙望さんのごった煮、断然こっちの方がうまそうです。ショーウインドウも飾り窓と呼び名を変えたが、売るために見せるべきものもなく、乾燥室に猫が寝るの図？　もんぺにも好みの柄の地域色。この銀鱗は鰊、春告魚です。乾燥して身欠きニシン。戦中派はこればっかり食わされた思い出を語ります。人手不足。農閑期の農民は炭坑労働者に。敵性語ですからアンテナもこうなる。確かに空に架けられた線ではありますが。

1944
6月

「番傘」五月六月合併号（三十頁）

歩くと汗止ると背中から凍り　満　州　和田重種
この海の涯に死闘がまだ続き　○　○　伊藤璋治
小休止見上げる椰子に裸の子　マライ　青山武一

日本文学報国会からの示達事項に関する記事「この任務」で、水府主幹はこう書いている。「……国を賭けての戦である。国土が空襲を受ける一大事に遭遇した場合の記録を、国民として筆執る、このことはやがて、この時局全体の戦に直面してゐる日常生活――街頭も台所も――その総てを文学者が記録して行く必要のあることを意味する。／次で考へられるのは川柳家の立場である。この大みいくさに処して、戦ふ人々の姿を忠実に描いて行く風俗詩、人間詩川柳が、大衆の中に立つて、どのやうな役割を持つてゐるか、今こそわれら川柳の総蹶起すべき秋だと頷かせる。／

われら川柳家、戦ひぬく姿を、心して見のがさず、隅々まで見つめて詠破して行かう。」

国が勝つための鎧戸降す汽車　内藤凡柳
疎開する子がお別れの辷り台　丸山茂巳
結婚は昨日残業から戻り　武田笑門
南瓜で今年は簾要らぬ夏　山田耕司
弟日華應徴す
励まして無理をするなと付け加へ　博多啄舟
小父さんと呼ばれ挺身隊と組む　棚橋百亭
ひとつゞつ辷り瓦も疎開する　山田菊人

夜間の明かりは標的になるので、客車の窓に木の鎧戸（シャッター）があった。戦後もしばらくこの客車が走っていましたが、蒸気機関車と一緒に消えて行ったように思います。新婚旅行など想定外の時代。それにしても、新婚生活が残業で始まるとは。最近は苦瓜でグリーンカーテンですが、この時代はカボチャでしたか。挺身隊は前年創設の女子挺身隊で十四歳以上二十五歳以下の勤労奉仕団。

縹渺として令嬢は草臥《くたび》れる　西宮　岩谷春郎
待避壕母ちゃんはそこ僕はこゝ　別府　山下石然
南方に兄あり工場に姉妹　春日井　濱崎都茂路
挺身隊らしく時々まごついて　大阪　角尾月兎
五粒の種に南瓜の卓の夢　大阪　西岡佳春
日毎早出夜毎残業もの云はず　大阪　粟津　皐
こゝも亦戦歿とある名簿繰る　丹後　吉田春治
楠公炊き父もくわしい夕の膳　伊丹　菊川千津恵
ぬかるみをひき連れて来る北の春　牡丹江　宇地甘露

女運転手初登場

敢然と女性が挑む御堂筋　尼崎　森本　一

縹渺とは、かすかではっきりしないさま。ひょうびょう、という語感がいかにもと思わせます。早出に残業、御国のためと称したブラック国家の指令です。疲れが溜まると口を利くのもいやになります。「楠公炊《なんこうだ》き」とは鎌倉時代から南北朝にかけての武将、楠　正成《くすのきまさしげ》の考案した米の炊き方。米を煎り、その煎米の三倍量の熱湯で長時間炊き上げると分量が倍以上に増える。ただし時間が経つと煎米が吸った水分が出てお粥状態になってしまう。この時代、舗装道路は少なく、北国の春はどろんこ道から始まりました。

番傘川柳（六月号）雑詠

迎春花今日外套を着ず出社　大連　高須唖三味

連翹にはや姑娘の腕あらは　高須唖三味

（註・迎春花―連翹レンギヨウ―春もまだ寒いうちに黄色い小さな花を葉に先がけてつける）

父の手に角帽残り学徒征く　大阪　大洋萬年

かんてきも戦つている二階借　大阪　谷　克美

継いでついで継いで無事故の作業服　大阪　清水澪標子

軒を這ふ南瓜擬装の街になり　大阪　木村草々

郵便料値上

聖将がお二人連れの手紙来る　大阪　牛田晴夫

かんてきは関西、関東は七輪。今では想像を絶する南瓜（カボチャ）だらけの風景。南瓜も甘藷（サツマイモ）も作られましたが関西は南瓜が主で、関東は甘藷が主だったようにみえます。昭和十九年四月、はがきが二銭から三銭、封書は二十グラム五銭から七銭に。七銭切手もありましたが、暗い赤紫の東郷元帥の五銭切手と紅赤の乃木大将の二銭切手が貼られていたと思われます。東郷四銭と乃木三銭の組み合わせも考えられますが、この時点では乃木三銭（七月十五日発行）が未発売ですから。

配られた南瓜の種と屋根仰ぐ　大阪　山添喜代志

漬物を油でいため支那料理　和歌山　田中名草

往診に博士戦闘帽で来る　埼玉　高橋只一

こんなにも着てゐたものか春になる　東京　角井定雅

東郷五銭、乃木二銭切手貼りの封書

デパートの広告（朝日新聞　昭和19年2月28日付）

『町常会でお茶が出た。そのあとへ支那料理でよく出す南瓜の種がお菓子代りに出た。これは珍しいと一つ二つつまんで中の身をほぢくつて食べてゐると、座長が「新聞で御承知と思ひますが只今お手許へ差上げました南瓜の種は十個づゝ御座いますが、お宅の空地へ蒔いて、この夏は南瓜の増産に協力して下さい」』（「人間手帖」水府）

消息欄「あれから」にこんな情報が。「▼五月二十五日、本誌は残存母体としての義務たる、所定統合も完了し一切の手続を終つた。表紙右肩にも掲示の如く職能雑誌・文学雑誌部門・専門分科誌に属し、新出発するものである。……▼大阪の「川柳雑誌」が二月末、東京の「柳友」が四月に、信州の「みすゞ」も四月に、山梨の「川柳常會」は五月初旬にそれぐ終刊号を出した。関西柳界に永年気を吐いた神戸の「もめん」も通巻百七十九冊目を終刊号とした。また最古の歴史を誇る青森の「みちのく」は廃刊の挨拶を出したし、この四月に創刊二十五年の喜びを迎へ、記念句会に記念号にと熱のあるところを見せてくれた東京の「きやり」も廃刊と決した。……かくて残るものは、東京「川柳研究」であるが、四月十三日、当局より残存母体として指令を受けて、継続発行が確定した。……▼残ること〻なつた三太郎氏主宰「川柳研究」は五月初旬、二三四五合併号を発行して健在ぶりを示してくれた。……」と。関東一誌の残存誌は「きやり」ではなく、二月号以後発行されていなかった、川上三太郎の「川柳研究」だった。

「川柳きやり」六月号（十六頁）

主幹村田周魚の「明窓独語」にこんなくだりがあった。「……私は今この新鮮なる空気の中に移る覚悟をしてゐる、そうして諸君の真心に触れ、真の悦びに浸ることが出来るやうになつてはじめて川柳道の向上を誇ることが出来るのではないかと思ふ。／誌友諸君と共に如何に協力を強化するか、その具体的問題に就ては更めて御相談をしてみたく、川柳作家としての意義をもつと〱明らかにしたいと思ふ。／進め川柳勝利の大道へ。」

はっきりとものが言えない時代です。私たちは、前号番傘「あれから」の記述で、雑誌の整備統合により東京の「きやり」が廃刊ときまったことを知っています。でも、「明窓独語」からは、すんなり廃刊という感じはしません。どうなるのでしょう。

疎開する話疎開の荷が通り 爲雄
別れ道敵機はきつと来る五月 愛穂
酒の列見苦しけれどだがしかし 東京 石川眞砂
生きてゐたならと勲章胸に母 島根 青木一男
二重橋征くも還るも祈るなり 東京 植村女意路
貨車轟々鉄の匂ひと兵と馬 ○○隊 田中蝶八
椰子近く海といくさの船進む マライ 横江窓人

勲章なんて……、生きていたなら……、母の嘆きがきこえる。皇居の象徴としての二重橋、この時代、皇居には現つ神がいました。

消息欄「東西南北」に「▼もめん四月号を以て終刊▼川柳常會五月号を以て終刊」と出ているように、雑誌の廃刊が頻繁になった。さて、廃刊と決定されてしまった「川柳きやり」、川柳に対する情熱から、奥の手を考え出したようです。それにしても不可解なことでした。順調に発行している「川柳きやり」ではなく、正月号を出してから、二月、三月、四月と雑誌発行が出来ていなかった「川柳研究」が残存母体に。日本出版会の担当は川柳（あるいはきやり）が嫌いで、この際、発行出来ていない雑誌を母体にして、川柳の雑誌（あるいはきやり）を潰してしまおうなんていう策略だったのかも知れません。

4　カボチャだらけの中の聖戦

1944 7月

「番傘」七月号（十六頁）

何時の世に油まみれの名妓あり　柳澤花泪

一年を銃後に住まず征く日来る　　加藤勝久
辞める娘が機械の癖も云ひ残し　　桑原駒六
未帰還の数にちゝはゝ箸をおき　　高　知　谷　翠葉
東亜會館とあり雑炊を食べさせる　　大　阪　古下俊作
孫もある齢を通勤定期券　　大　阪　福島不二夫
巻脚絆もうよつぽどの齢の人　　大　阪　嶋谷杏仁
帯織つた工場〇〇航空機　　小　松　伊關芦平
戦争は屋根へ畑を持ち上げる　　岡　山　山下安直
故郷とは幼なじみの居らぬとこ　　愛媛傷療　金澤純一路
決死隊星のきれいな夜を餇うて　　濠　北　小西鷄朗
何の太鼓かカンポンは起きてゐる　　スマトラ　川村伊知呂
（註・カンポンは部落）

引退したご隠居さんやら、もうよっぽどの歳の人まで働き出し、友人知人はみな戦地へ。前線も銃後も大変なことになってきました。

「あれから」に「▼外地のものは日本出版会の整備をうけないので殆どが継続発行してゐる。」と。

そういうわけで、「川柳朝鮮」（京城）、「川柳大陸」（大連）、「東亞川柳」（新京）、「國性爺」（台北）が発行されていた。日本出版会は、戦時下の言論出版の統制・統合などを行っていた情報局の下部組織で、用紙の割当、配給などを通して、出版界をコントロールしていた。

「川柳きやり」七月号（八頁）は表紙の通巻数275の下に黒線が引かれた。

『川柳の為めに命を削ると云つたら世の多くの人達は此時局下にと笑ふであらう。私一家の生命を支へてきた本業が整備されてから丸四年、それでも川柳きやりの為めに精神的の打撃は蒙らなかつた、いやより以上川柳きやりに全生命を打ち込み後進への大道を拓いて行かうと決心して一家の生計保持につとめて来たが、今又本誌の問題に関し渦中から飛び出し、高所に在つて其渦をぢつと見つめた（略）別項「川柳きやり」の新発足は私の切札ともいふべき川柳きやり二十五年史の終頁であり又それからの一頁でもある（略）読者諸君は別項川柳きやりの新発足に絶大の御声援をねがひたい。』（明窓独語　村田周魚）と、東京の残存一誌は「川柳きやり」ではなかった。そこで、考えた。

「川柳光明に献心　／　本社は茲に読者並に賛助社友諸氏従来の御支援に酬ひたく且つ作品の向上と作家の親睦を主とした協力社友制を設け、毎月一回私信に代へて社報を無料送呈し褌一本となつて川柳光明に献心したいと思ひます。（略）　昭和十九年七月一日　　川柳きやり吟社　村田周魚社人一同」

甘藷植えた畑を立つて見蹲《しゃが》んで見　　美江

軒下も増産といふ芽が伸びる　笙人
寺の庭銃剣術の声きびし　武芳
刻み葱疎開の幸を手打そば　鹿々
どの駅も死んで来るぞの旗の波　六郎

都会も田舎もサツマイモとカボチャだらけの日本です。以前は、勝って来るぞと勇ましく、だったのですが、死んで来るぞ、とは……、言葉を失います。

「後記／月刊誌としての最終号をお目にかける事が出来ました。僅かに八頁ではありますが社人の熱血が通つて居ります」と断腸の思いを胸に、「川柳きやり」が廃刊。しかし、雑誌は発行出来なくなりましたが、かわりに会員組織の社報を発行して川柳活動は続けるという手を考え出したのでした。

1944 8月

「番傘」八月号（十四頁）

金次郎が十人出来て山を降り　岸本水府
司令官も知事もなんきん見て出勤　生島鳥語

おやすみなさい非常袋は此処と此処 金泉萬樂
粗衣粗食親鸞のみか母に見る 柳澤花泪
遁走の敵機へ土を握りしめ 三浦秋無草
厳粛な顔で号令掛け違へ 博多啄舟

独の無人機の威力
V一号神は正義へ智恵を貸す 武田笑門
乳母車けふは疎開の荷を運ぶ 村田眉丈

おじいさんは山へ芝刈りに、というのは当時でもむかしむかしの「昔話」の世界だったのですが、昭和十九年なのにやはりおじいさんは山へ芝刈りに、燃料不足から。おなじみ金次郎スタイルです。〽芝刈り縄ない草鞋をつくり……手本は「二宮金次郎」（明治四十四年　文部省唱歌）、です。そして、街中いたるところカボチャだらけです。粗衣粗食というと親鸞ですが、この時代はみんな粗衣粗食、世の中、皆、ほとんど親鸞状態？　特に母親は自分の分を減らしても育ち盛りの子へ。ドイツに新兵器飛行爆弾登場です。

「あれから」に「少ない頁ではありますが、柳界巨豪の大きな足跡を偲ぶため本号を當百追悼号としました」とあるように、三頁の略歴・病中日記・名句集の他に、番傘川柳発表九頁分の下一段を全部追悼文にした。

『本社顧問西田當百氏逝く、悲歎の情切にして言ふ処を知らず、昭和十九年六月三十日は、わが柳界の永遠に銘記すべきの日なり。氏少壮にして英資卓出、文才に富み、明治三十九年以来柳界に入り、夙に「川柳の父」として作家の育成指導に力めらる。川柳の興隆に貢献する処実に大なるものあり、殊に同志と共に関西川柳社を興し、我等今日あるの端源を拓き給へる功績こそ誠に忘るべからざるの一事なり。（以下略）』（「柳界四十年の父　西田當百逝く」と題した追悼記事の岸本水府の告別式での弔辞から）。

當百さんと一緒に関西川柳社（現在の番傘川柳本社の前身）を興した人のひとり渡邊虹衣さんの追悼文の最後にある追憶の一句は、「なき人の若さを偲ぶ上燗屋」。大正二年に関西川柳社から発行された「番傘」創刊号の最初の句は當百さんの「上燗屋へイ〳〵と逆らはず」でした。西田當百病中吟よりの二句。

夜はあけたおやまだ今日も生きてゐる
かううまく喰つては急に死ねないぞ

最後まで川柳魂を持ち続け、その川柳の心のまま別世界へと旅立たれた當百さんに合掌。

応召の襷に小さい手が絡み　御影　長崎柳秀
曾て芸者だつたが腕のたくましく　仙台　田澤有石

欧洲上陸その日日本の鎔鉱炉　熊本傷療　岩田土筆
禁職の女の椅子へ独り老い　東京　田邊柑枝
初老とて曾ては祝ふ身の御召　愛知　加古小壺
遠足も行軍といふ時代なり　京都　龜井久吉
神の座へ送る旗なり母が持つ　長崎　中村雀戀
地球今西も東も関ケ原　大阪　大村柳司

先行き不安な日々。六月六日、ヨーロッパ戦線では連合軍がノルマンジーに上陸した。昨十八年九月、閣議で国内必勝勤労対策決定。それで、販売店員、出改札係、車掌、理髪師など十七職種の男子就業が禁止された。遠足を鍛錬と呼んでいたのは前年でした。今度は行軍。なんともすさまじい世相。「神の座……」の句にはさらなるすさまじさを感じます。

「▼誌面の都合で本号より広告主の御諒解を得てしばらく広告を休載することになりました。……」(あれから)。全国で唯一の川柳雑誌となり、投句殺到。だが、紙の配給も少なく、投句掲載で広告のスペースもなくなりました。

「川柳きやり　社(八月)報」(八頁)。

川柳きやり吟社は「社報」を会員に贈呈するという形で、「川柳きやり」の伝統存続へと舵を切った。巻頭にこうある。「……決戦生活の中にあつて誠の十七音を綴ることは雑誌が無くとも出来ることで、今日この時川柳を最善に引き上げることに先輩も新人も兄弟友達として御協力がねがひたい。（略）川柳も敵前展開です、社中一同は過去に執はれることなく勇猛精進致します。周魚」

マラリヤも蛍も同じ闇を飛び 南　支　圭佑
疎開したあとの南瓜が咲き初め 修雅
夕顔に風少しあり警報下 鱗太郎
皆兵に育て静かに河鹿聴く 三星子
国民酒場自分の前で売り切れる 藤吉郎
配給もお供物程を笑ひ慣れ 村田周魚
寺の田にお住持さまの頬冠り 篠原春雨

公営の「国民酒場」が五月から開業。一人酒一合かビール一本の割当。配給も何やら情けない量になって、本音では先行き不安だらけだったはずです。

川柳の雑誌が無くなり、その分句会が人を集めています。「たとへ少人数の集りでも川柳愛の燃ゆるが如き情熱を各句会から感じられる事は銃後作家の一員として悦ばしい」という巨郎さんの報告「句会出入帳」で戦時下の東京句会状況を見ると。六月中に覗いた句会は▽六月二日桐の花　▽

三日川柳文藝　▽五日番茶　▽七日東京川柳　▽十一日柳友　▽十二日藤光會　▽十三日香車　▽十五日の雷、十七日の丹若、十八日の研究は警報下で流会。雷は二十六日勇魚師想ひ出句会。此間、潮、むらさきの小集。「雑誌が皆無となつても句会は益々盛んだ。明日へのエネルギーを養つてくれるものは句会の寸時であらう」と。この川柳人の情熱が、いま私たちにあの過酷な戦争中の庶民の暮しを伝えてくれている。

1944 9月

「番傘」九月号（この号から番傘も表紙なしの全十二ページ）。タイトルが一ページの上四分の一に。その下に「総武装の筆陣」という主幹水府の文。

「日本出版会は雑誌発行者に対して、決戦下における三大編輯方針を示達した。三大要項とは一、敵愾心の昂揚　二、生産の増強　三、生活の明朗豁達　に重点をおくことであり、各雑誌は筆陣堂々この目標に向つて、雑誌発行の使命を達成することとなつた。……」。さて、この三方針にそつているかどうか、九月号の句です。

壕に潜む子の質問に答へつゝ　岸本水府

戦争へありとあらゆる人動く　小田夢路

憶サイパン島

タポーチヨの山容変り茜雲　米津帆之助

噫サイパン島の皇軍、邦人戦死す

飛機あれば弾あればとて幾昼夜　椛　北羊

空襲は必至庭木にある役目　奥山鳳壽郎

英霊のいまだ帰らず盂蘭盆会　中村静城

北九州空襲

爆音を聴き分けてゐる鉄兜　松山眞男

戦する軒を伝うて金魚売　倉本勤也

職あつて物乞ひも皆来なくなり　柳澤花汨

新熟語産んで戦局苛烈なり　内藤凡柳

曲馬団朝は世帯の音をたて　佐世保　玉秋一實

百貨店の余命軍刀即売会　横浜　川上好伸

同期生逢ふが別れの年齢になり　大阪　岡　山子

六月の風を預かる阻塞球　大阪　奥田白虎

気前よく羊羹切つて出す落語　神戸　矢田貝静古

振りむけばやさしい娘なり戦闘帽　尼崎　山中凄雨

六月十六日の号外は大見出し二本立て。「今暁北九州に来襲の敵機撃退　数機を撃墜、我が損害

は軽微　大本営発表〔昭和十九年六月十六日八時〕本十六日二時頃支那方面よりＢ２９及Ｂ２４二十機内外北九州地方に来襲せり　我制空部隊は直ちに激撃し其数機を撃墜之を撃退せり　我方の損害は極めて軽微なり　／　敵のサイパン上陸企図粉砕　大本営発表〔昭和十九年六月十六日五時〕マリアナ諸島に来襲せる敵は十五日朝に至りサイパンに上陸を企図せしも前後二回之を水際に撃退せり　敵は同日正午頃三度来襲し今尚激戦中なり」（昭和十九年六月十六日　特報　大阪四新聞社）。だが、十五日中に米軍がサイパン島に上陸。「開戦以来最大の重大戦局」（六月二十四日、東京朝日）を迎え、そして、七月七日、サイパン島の守備隊三万人余玉砕、住民死者一万人以上という悲惨な結果になってしまった。タポーチョはサイパン島最高峰の名。日本の海上輸送路が寸断され、英霊の遺骨も帰国出来ない状態です。金魚はこんな世の中での数少ない慰めだった。「一億抜刀」など大政翼賛会が産み出した新熟語でしょう。曲馬団＝サーカスは戦前から戦後にかけて娯楽の王様でした。老人の頭の中に〽空にさえずる……と「美しき天然」（明治三十八年　詞・武島羽衣　曲・田中穂積）が流れます。あのサーカスの楽隊、ジンタって言いましたっけ？　阻塞球＝敵の航空機進入妨害用の係留気球。

消息欄「あれから」に▼「川柳研究」は東京一誌の残存と決定したが、本号締切までに新発足誌が出ない。

「川柳きやり　社（九月）報」（八頁）

大八洲神武滅敵総武装 村田周魚
撃滅の子の眉宇竹の機関銃 爲雄
塀沿ひにヒマが実つた知事官舎 梅晃
命名も届けもおぢいさんがする 鞍馬
蔓と葉を育てただけの南瓜なり 小雅堂
世が世なら売れつ奴それが壕を掘り 井窓
百円の値打はかなき十日過ぎ 巨郎

関西の知事の官舎は南瓜でしたが、関東の知事は蓖麻。南瓜もサツマイモも素人が簡単に育てられる植物ではありません。昭和十九年の百円は今に換算すると二十八万円位、翌年は十八、九万に。物価高に物不足、で高価な闇値の食料に子沢山。生活はもう大変。

「後記」に「……社報となつて早くも第二輯を編む事となつたが思ひの外の好評に意を堅くして御期待に反かぬやう心がける……」と、いいスタートがきれたようです。

1944 10月

「番傘」十月号（八頁）

巻頭に『敵、神州に迫るとも、……われらこゝに凝つて百錬の鉄より固く、決然起つて「今に見ろ」を詠破す。……（中略）……聞け、驕敵粉砕の心魂に徹したる巷の声、銃後戦列第一陣の叫びを。』と力を込めた「今に見ろ　番傘同人作」より三句。でもこれ、負けてる時の捨て台詞みたい、言っちゃ負けですよ。しかし、精神的余裕は感じられる。これが川柳。

神国を知らぬ米鬼よ今に見ろ　　北人
今に見ろと起つ一億の弁当箱　　可染
敵はやがて撃たれにけりと舞ひ納め　　微笑
髪と爪遺した家に又帰る　　○○丸　石川寛水
征く船も三度生死を語らざる　　○　○　加藤勝久
焼夷弾摑んで投げられるとは知らず　　戸畑　河原魚行
遺品まだとどかずビルマ雨期に入る　　香川　藤原長太

兄応召

両親に五十の御召祝はれる　　小倉　三浦秋無草
麦を踏み追撃三日麦に寝る　　北支　畑中大三
いくさきびし防人の皆便り来ず　　東京　田中せん字
終刊の雑誌は届く紙二枚　　大阪　石川一巨
コーヒーに似た液体をのまされる　　西宮　岩谷春郎

三度召集を受けて戦地に向かう人、お役御免かと思う五十歳にも赤紙が来るということは、戦死者が増え続けているということ、劣勢そのままです。

「あれから」に「全国的に小集が減つた。夜まで働く人が激増したからである」と。小集とは句会。わずかな楽しみも消されてしまいました。女性も子供も老人もみんな労働に狩り出され、で、大政翼賛会の標語がでかでかと「決勝目前・白金供出だ」。なんだか国が追い剥ぎ強盗になったみたいな感じがします。

「川柳きやり　社（十月）報」（八頁）

「明窓独語」に「……今お互ひが斯うした決戦生活の中に在つて困苦に堪への笑ひを求めてゐることは何よりも嬉しいことで、今日只今からさうした明快な笑ひを世の中に贈らうではありませんか。／戦線の社友諸君からは一も二も笑ひの句を求めてゐます……」と。そう言われても、こんな世の中です、笑も微苦笑、でしょうか。

振向かず征く子だん〱小さくなり　突風
駅の柵今宵も一人疎開の子　伊太古
行列を愧ぢてやつぱり列に佇ち　水堂
疎開した子からの便りきつくなり　杏村

廃業のビラの真上の成田山　一松

秋祭り神酒所も瀬戸の供へ餅　村田周魚

ホームシックの子が駅の柵に。線路は父母につながっています。食糧事情は悪化して、疎開児童もお腹を空かせていた。家内安全災難除けのお札だったのに……、廃業とは。

1944 11月

「番傘」十一月号（八頁）

六月十六日、中国の基地を飛び立った米軍のB29爆撃機による北九州空襲があったことは、九月号で松山眞男さんが詠でいました。今度は、巻頭に一段、「敵機来」と題した北九州作家六人の句が並んでいる。そこからの三句と番傘川柳。

戦帽の命拾ひをした凹み　上野十七八

万歳を壕から叫ぶ体当り　永津短夜

撃墜を乱打の鐘に祈る壕　手島吾郎

こつぱみじんあゝなぐりこみたいあたり　神戸　椙元紋太

戦争はすでに頭上だ通勤路　大阪　加賀佳汀

征き征きて人生夢にせず戦死　坂出　藤原長太

戦帽に鼻筋通る宝塚　大阪　棚橋百亭
敵機来る距離は味方も行ける距離　広島　岡田俗菩薩
大東亜地図にバラまく友の数　大阪　太田茶人

宝塚歌劇団は三月四日以降休演。以後は慰問公演や女子挺身隊として労働奉仕の日々でした。「敵機が来るのなら、こっちも攻撃に行って……」のはずなのですが……、行った気配がありません。新聞には大戦果の見出しが続出しますが……。「赫々・台湾沖航空戦／空母十九、戦艦四等／撃沈破四十五隻／敵兵力の過半を壊滅」（十月二十日、東京朝日）、「レイテ湾強襲戦果／空母戦艦輸送船等　五十五隻を屠る」（二十七日、東京朝日）、「赫々・相次ぐ戦果　フィリピン沖海戦／空母十五、戦艦一など　艦船廿七隻を撃沈破」（二十八日、東京朝日）と。

『大戦果つゞく十月二十八日、本社は大阪共済会に「歓呼の句会」を催す』と。中に、水府主幹の「米の字は木葉微塵になる姿」という句があった。皮肉にも半年程後に米の字の空襲で木端微塵にされてしまった日本でした。精神力には限界があり、それを超えると悲惨なことになるという教えでしょう。事実は、十月二十四日、フィリピンのレイテ沖海戦で日本海軍は連合艦隊の突入作戦失敗、主力を失ってしまった。戦力激減です。これが大戦果の実態でした。

次男逝く

夢に見る子はいつまでも赤ん坊　マライ　平松圭林

砲声がなければ蝶の舞ふ畠　北　支　山崎小鮎

元気よく発つた駅なり今白衣　岐阜傷療　坂野秋路

ほめてやれ還つて来たぞ子の遺品　静　岡　牛尾一鶴

虫が鳴く駅にも殖えた油服　京　都　保原ひさを

高架からみた大阪は蔓の街　大　阪　辻元三江子

大阪へ出して能登から返事が来　羽　衣　石川杢齋

午前二時鉄と闘ふ少女あり　貝　塚　熊本春景

駆足を強くしとけと戦地から　兵　庫　佐藤白闢

勤め人などほとんどいなかった郊外の駅にも徴用された工場労働者の姿が。電車の走る高さから眺めると、大阪はカボチャやらサツマイモやらヒマなどで、蔓だらけ。グリーンカーテンの街。ちょっと現在の夏によみがえらせたい風景でもあります。労働基準法など無関係で少女の深夜業、みんな御国のためでした。逃げ足、これが戦地からのアドバイス。完全に「いくさのほかになし」の世の中になってしまいました。

「川柳きやり　社（霜月）報」（八頁）

「句を発表すべき雑誌が減り、川柳に関する書籍の出版も不可能に近い、だが諸君の句帳には毎月自信のある何句かを埋めてゐる事でせう。それでこそ諸君の句帳は汚れる程大切なものと云へます。／昔に詠まれた川柳には其時代々々の人情風俗が織り込まれてゐます。……国民全体が如何にして勝ちぬいたか、親子、兄弟夫婦が、どのやうにして困苦に耐えたかといふ生き生きとした姿を十七字に綴る……今日此時お互ひは、昔に詠まれた川柳に優るものを後の世に残して置かうではありませんか。」と「明窓独語」で周魚さん。

征く人の都々逸三の糸が切れ　村田周魚

米に弓娘ごころに謎を解き　村田周魚

都々逸《どどいつ》は江戸末期に生まれた俗曲のことで「恋に焦がれて鳴く蟬よりも鳴かぬ蛍が身を焦がす」のように七七七五でつくられる。三味の音にのせてうたわれ、戦前から寄席の芸としても人気があった。三の糸は三味線の高音部の一番細い糸で、切れやすい。そこから周魚さんの句を味わってみて下さい。米と弓の謎はこの時代ならではでしょう。米の配給も少なく、なんとか増やして満腹感を味わいたい。で薩摩芋や雑穀を入れて増やしてみたり。量的に手っ取り早く増やすには、おかゆ「粥」。粥腹と言って、力の入らない例えに使われますが。

ふんぎりがついて妻娘の出すダイヤ　佳寶
縁日の灯へ近道も疎開あと　太刀雄
サイパンのスタンプもある貯金帳　花車
召され征く朝を父母立てた旗　笙人
お膝元信じて母は壕に入り　琴荘

貴金属類の供出、強制買上げです。ああ、お宝が消える……。買いたくても買うものがないこんな時代に、お宝のマンマがいいんですが、「御国のため」という呪文に縛られていました。縁日は空襲のある中でも開かれていた。「あたぼうだよ」と露天商に叱られますね。空襲があろうが何があろうが店を出す、食うために。御国が食わせてくれるわけじゃなし。「天子様の御膝元」って言いましたっけ、当時は。神様がいらっしゃるんだから空襲なんか……と思っていたのですが、この神様、御利益はなかった。なかったはずです、後に、実は人間だったと宣言されたのでした。

1944
12月

「番傘」十二月号（八頁）

巻頭に載せられた二つのエッセイから一部引用します。

「昭和十九年の柳界を送る　岸本水府……前年に比べてかくも世相の移り変りの甚しいこと、切りつめた衣食住が八方から描かれ、学徒出陣に、応徴に、都市の疎開に、学童疎開に、待避壕に、新しい素材が次々と詠破されて行つた……」という状況。

そして「雑感　深野吾水……▲神風特別攻撃隊の神業が、世に公にされた時、私は川柳家として其の一刹那の印象をどう讃へてよいか、現はすべき言葉がなかつた。人でない神のわざを、我々如き人間の言葉に尽し得べき筈がない。只最も壮烈なる川柳として胸底深く秘めておくより外はないと決めた。川柳を味ふ者の近頃の悩みである。」という大変な世の中になってしまいました。

「神鷲の忠烈　万世に燦たり　―神風特別攻撃隊 敷島隊員―」「敵艦隊を捕捉し必死必中の体当り」「機・人諸共敵艦に炸裂　誘導の護衛機、戦果確認」「身を捨て国を救ふ　崇高極地の戦法　中外に比類なき攻撃隊」昭和十九年十月二十九日の朝日新聞（東京）の見出しでした。しかし、国を救うことにはならなかったことを歴史は教えています。戦によるこのような死とは一体何なのか……、私には認めることが出来ない。だから反戦、です。

征きに征き進みに進み神といふ　大阪　河村露村女
六本に賛成多し母と妻　大阪　棚橋百亭
母ちやんの分は母ちやん喰べなさい　大阪　坂　澄風
戦局は急故郷に友の無し　八幡　成貞可染
七重八重勝たねばならぬつぎをあて　島根　笹本英子
疎開の子発たせ夫婦のぽつんと居　大阪　古下俊作

警報下の壕から洩れる子守唄　宮崎　森　用規夫
忠烈無窮長男床の間に帰り　神戸　西村明珠
思ひやう煙草は切つて十二本　大阪　比島茂雄
つゝしみて戦死と書きぬ住所録　京都　上田碇雲
敵の弾丸味方の弾丸も秋の音　北支　片山眞治

十一月一日からたばこは一日六本という制限付きの配給となりました。食糧事情は悪くなる一方、そして、育ち盛りは食べ盛りの子供たち。親たちもやせ細ってきました。

『▲……毎日三人の者が働いてゐた事務所も八月以来私（水府）一人となつた▲編輯も校正も「あれから」も返信も出納簿も発送も丸で創刊当時だ。これが戦争だ』とコラム「あれから」から水府さんの悲鳴が聞こえます。

「川柳きやり　社（師走）報」（一八頁）

お櫃から一粒もらひ切手貼る　白容
ふいに来た友寄せ書の旗を出し　きよ緒
東京へ行く汽車丘へ佇ちつくす　三星子

神風はかう吹くものと眼のあたり 佐保蘭

だしぬけに軍病院に居る便り 一松

明日は征く膝へ無心な子の笑顔 愛穂

切手の裏ノリが無くなりました。ごはん一粒をノリ代わり。ふいに、とか、だしぬけにというのが戦争。慣れぬ土地に疎開した大人も、ホームシックです。

「攻勢転移へ肉弾突撃相次ぐ／つゞく神風特攻隊　敵機動部隊を猛襲」（十月三十一日、東京朝日）、「又も神風特攻隊の偉勲　空母等七隻に命中」（三十一日、大阪毎日）、「陸海軍特攻隊呼応猛攻　初陣の陸軍特攻隊　戦艦、輸船各一撃沈」（十一月十四日、読売報知）と捨身の特攻が続きました。現代の神風は、吹くのではなく吹かせるものだった。

六月に中国大陸からB29による北九州空襲、さらにマリアナからのB29による東京爆撃が始まった。「B29帝都附近に侵入す　確認する撃墜三機　我方、損害は軽微／大本営発表　本十一月二十四日十二時過ぎより約二時間に亘りマリアナ諸島より敵機七十機内外数梯団となり高高度を以て帝都附近に侵入せり……」（昭和十九年十一月二十五日、東京朝日）。以来、連日連夜、空襲警報発令。これだけ、日本本土が空襲にさらされるようになって、こりゃあ竹槍じゃあ、どうにもならんという状況の下、昭和二十年へむかいます。

第四章　降って来るのは、爆弾ばかり

その昭和二十年

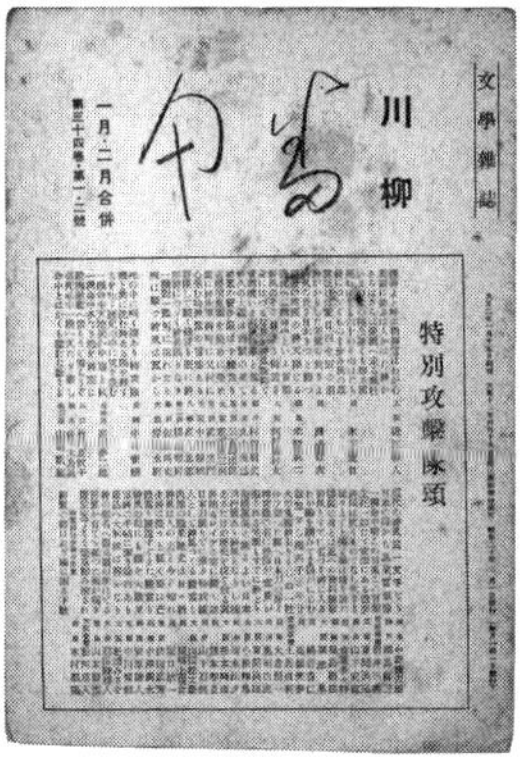
文學雜誌

川柳

一月・二月合併

特別攻撃隊頌

（昭和20年1月・2月合併　全16頁）

川柳きやり

（昭和20年正月　全8頁）

太平洋戦争関連年表

昭和20年（1945）

1月9日　米軍ルソン島上陸。2月3日、マニラ市内進入。
1月13日　東海地方に大地震（三河地震）死者1961人、全半壊1万7000戸。
2月16日　米機動部隊、艦載機1200機をもって関東各地を攻撃（～17日）、3月18～19日、28～29日、九州各地を攻撃。
2月19日　米軍硫黄島に上陸（3月17日、日本軍守備隊全滅、戦死2万3000）。
2月　戦局悪化し、敗北的デマ増加。東京で1月以来検事局送致40件余。
3月6日　国民徴用令などの五勅令を廃止・統合して国民勤労動員令公布。
3月9日　B29東京大空襲（～10日）、下町ほぼ壊滅、全焼23万戸死者・行方不明約12万人。3月13～14日は大阪、5月14日は名古屋を空襲。（3、4、5月、東京夜間大空襲、5月末都内大半焼失）。

4月1日　米軍沖縄本島上陸（6月23日、日本軍守備隊全滅、日本側死者一般住人約10万人を含めて約20万人）。
4月7日　呉より沖縄に出撃の戦艦大和、九州南方で米機動部隊により撃沈された。
5月7日　ドイツ軍、連合国へ無条件降伏。
5月9日　政府、ドイツ降伏にかかわらず日本の戦争遂行決意は不変と声明。
6月18日　沖縄島南端の前線で看護に従事の師範女子部・第一高女の生徒49人集団戦死。6月23日にかけて多数自害。
6月23日　義勇兵役法公布（15歳以上60歳以下の男子、17歳以上40歳位以下の女子を国民義勇戦闘隊に編成）。
6月30日　秋田県花岡鉱山で強制労働中の連行中国人、酷使に抗して蜂起、収容所を脱走、憲兵・警防団らと数日間闘い、418人虐殺される（花岡鉱山事件）。
6月下旬～7月　米機動部隊、全国各地を攻撃。
7月11日　主食配給切下げ（2合1勺）

8月6日　広島、9日、長崎に原子爆弾。
8月8日　ソ連、対日宣戦布告。
8月14日　ポツダム宣言受諾決定。
8月15日　戦争終結の玉音放送。
8月17日　満州国解体。
8月18日　内務省、占領軍向け性的慰安施設の設置を地方長官に指令
8月20日　灯火管制解除。
9月2日　東京湾のアメリカ戦艦ミズリー号上で降伏文書に調印。

1　空襲下に川柳を詠み、雑誌を作る

新年号です。皇国の興廃この一戦にあり、という明治以来の気魄を込めたいところです。検閲もありますし。でも、どうなりますか、空襲に次ぐ空襲の昭和二十年。「川柳きやり社報」「番傘」両誌にご注目ください。

1945 1月

「川柳きやり　社（正月）報」昭和二十年（八頁）

巻頭のエッセイ「明窓独語」にみる、これが昭和二十年を迎える日本の現実、だった。

『大詔の渙発を仰いだあの日「此一戦我家も小さき陣地たり」と詠んだ私は今に此句を幺関に掲げ我一家の操志に磨きをかけて来た、此小さき陣地の上空に敵機の飛来を見た、空襲は昼となく夜となく日課の如くである……』。

決勝の誓ひあらたに餅拝む　村田周魚

着た儘で寝る夜が続く煙草盆　突風

盛り直す壕盲爆をあなどらず　きよ緒
綿供出座布団にする藁を打ち　修雅
すめら代はかくして続く特攻隊　周峰
柿熟す下に四五人疎開の子　笙人
鶏つぶす話いきなり子の抗議　白容
郷軍で出る日魚やさん少尉　巨郎
藷を焼く落葉箒の柄でもちやげ　きよ緒

「古綿も〝撃滅の弾丸〟火薬原料に都で回収／前線へまず弾薬をと都では二十七日から十二月二十三日まで火薬用綿の回収を実施する」（昭和十九年十一月十八日、東京朝日）。座布団の綿使用の火薬、なんだか不発弾になりそうな気がしますが。すめら＝皇、天皇に関する事柄を表す語にかぶせて尊敬・賛美を表す。郷軍＝在郷軍人＝予備役、後備役、退役の軍人。持ち上げるじゃなく、普段話しているようにここは、「もちやげ」るんです。

『■連日連夜の空襲に団服を着たまゝ、通信に封紙に隣組の雑件に立つたり坐つたり。師走の社報も……三日に亙つて発送を了つた。■本号も空襲下とう〳〵十日の〆切を過ぎてしまひ、夜間の二十分、三十分を机辺に在つて、どうやらまとまりをつけてほっとした気持でゐるところへ熱火の試練……』（海月堂私記）

1945 2月

「川柳きやり　社（如月）報」（八頁）

誕生日だから御馳走海苔茶漬　村田周魚
疎開児の放送もしや耳が澄み　伊太古
東部軍情報頭の中に地図　きよ緒
子を歌で励ます待避午前二時　巨郎
年末も年始も同じ娘の姿　笑字坊
おせつちも小皿に少し戦時食　周魚
とりあへず布団で伏せる焼夷弾　伊太古
焼夷弾掴んだ話とりまかれ　浩

児童疎開で親子離ればなれ、疎開児へ敏感に反応する親心。もう晴れ着の余裕もなし。年頃の娘も着た切り雀。連日出る空襲警報。晴れ着など夢、継だらけの着物、そんな中でのお正月。それでもわずかながらおせちも用意。連日落されると、焼夷弾の扱いにも馴れてくる？　この号から発行日が記され、この如月の二月号は二月八日発行でした。

「番傘」昭和二十年一月・二月合併（十六頁）

巻頭の「特別攻撃隊頌」六十二句のうち三句、ほか近詠、防人諷詠など。

命中とはかくも悲壮な語なりしか　名古屋　山田黙蕉
神風は吹くものでなし吹かすもの　岡　山　山下安直
飛行雲あゝ神風となりし魂　岐　阜　清水汪夕
来るとこへ来た日本の体当り　大　阪　小田夢路
音盤にモンペ芸能挺身隊　福　井　村田眉丈

敵機来

敵機去る背中の泥に膝の土　東　京　桑原駒六
神と言ふ字がこの頃の瞳に沁みる　大　阪　河村露村女
元旦の社務所軍服作業服　大　分　加藤圭路
訓示する背でプロペラが廻り出し　○　○　本庄快哉
爆弾は身近礫が頬を打つ　○　○　加藤勝久
吾が死所と決めて立派な壕を掘る　スマトラ　正木祝福
情報は一機だと言ふ落葉掃く　東　京　海老原軍平
待避壕でん〳〵太鼓鳴つてゐる　東　京　今宮踣舟

喰べられる草を見付けたひとりごと　徳山　丸山一角
卵産む筈で買うたがうたひだし　室戸　賀戸砂丘
素人だと諦め芋の蔓を煮る　丸亀　佐藤貞章

「あれから（水府）」の数項目。「……▲新年号も何もあつたものでないから本号をおくらせたのではない▲一、二両月を合併号としたのは発行日取戻しもあるが、それより偶に薄くない雑誌も出さぬと恰好が悪いからでもある。……▲前号は空襲警報下に壕に近い庭先で鉄兜を被たまゝ暫く待避して愚妻と二人で袋入れをやつた。そこへいさむ君が来てくれたが、ホツとして空を見ると飛行機雲が三筋四筋かゝつてゐた。」

昨年末以来、神風特攻が繰り返されてきたが、「ルソン島に敵上陸開始／全機特攻、帰還せず」ということになってしまった。「わが航空部隊は全機特攻隊となり、必死必沈の猛攻を加へ、偵察機にいたるまで爆薬を積んで出撃し、いずれも帰還せず」（一月十一日、東京朝日）という悲惨この上ないことに……。

1945
3月

「川柳きやり　社（弥生）報」（八頁）。

壕に馴れ壕に静かな子の頭巾　鈴波
今度逢ふ時まで命おだいじに　伊太古
挨拶はぬき駈けつけてくれる友　三星子
握りしむ我家の灰に言ひ聴かす　炭素坊
ま丶ごとの言葉の中にある戦さ　愛雛
筆太に立退き先の墨の艶　きよ緒
体験を語る頭巾の端が焦げ　浩
野菜電車市場を起す様に着き　伊太古

焼跡、焼跡、焼跡……、そこに移転先の立札が。どこにいても安心出来ない日々。挨拶は、命お大事に。電車が人だけでなく野菜運搬もしていたようです。となると、この時代は循環型農業、肥料は当然都会人の排泄物。で、必然的にこうなります。「二社線で屎尿電車運転／都清掃課で今春四月以来計画してゐた西武、武蔵野線の屎尿電車輸送開始披瀝式は二十一日西武線井荻駅前で挙行する……」（昭和十九年十一月二十一日、東京朝日）。

「番傘」三月号（八頁）

先月の合併号にあった大政翼賛会の標語は「あの飛行機に銀が要る」でした。金属類供出に続いて今度は貴金属の白金と銀。強盗に身ぐるみ剥がれるような感じもします。大政翼賛となれば、やらねばならぬ翼賛吟。巻頭の「銀捧ぐ」―銀供養誌上句会記録―より二句と近詠ほか。

銀売つた夜B29の墜ちる夢　大阪　渓々
天保のかんざしが今空を征く　大阪　道子
通り魔のやうに夜空を米機来る　大阪　渡邉虹衣
遊びではない摘草へ老夫婦　松山　前田五健
何が大事敵機は今や上空に　東京　西川安静
B29破れ太鼓の音で来る　大阪　小田夢路
敵機来れば弾丸ぶつぱなす手の茶筅　○○陣地　北川絢一郎
年頃もみんな真つ黒けのいくさ　東京　小林愛穂
竹槍の中の一人は母の声　愛媛傷療　龜岡久悦
落ちろ落ちろ防空壕の子の叫び　貝塚　千原庸司
食べられさうな草だが牛がにらんでる　和歌山　梶川紀生
父知らぬ子が挙手をする母の膝　広島　益子貞榮

「社告　本社も印刷所も渾身の機能を発揮してゐます。本号は三月二十五日発送の見込み、四月号既に文撰植字中です。三月十七日記」『▲集配人は少年が多くなつたせいか、十年も同じ所に住んでゐる人に郵便が着かなくなつた。雅号の宛名は、本名の標札の主と別人に扱はれて「受信人不明」になるらしい／（「あれから」）』

2　悲惨な戦争、ここに極まる

米軍の空襲が続きます。「敵機動部隊・本土に来襲／関東地方、静岡県下　艦載機で波状攻撃」（二月十七日、東京毎日）、「艦上機六百関東来襲／B29も百卅機で帝都へ」（二月二十六日、大阪毎日）、「B29本格的夜間空襲を開始　百卅機で帝都盲爆」（三月十一日、大阪毎日）、「B29約百卅機夜間名古屋を盲爆」「連襲・実に十八昼夜」（三月十三日、東京朝日）、まさに、連日連夜、降ってくるのは爆弾、焼夷弾。

雑誌は統合され、かつ減頁、新聞も一県一紙でこれまた減頁で夕刊なし。そんな中、会員制社報無料進呈と言う形で生きのびた「川柳きやり社報」は四月の卯月号から四頁になってしまった。「番傘」は五月号を四頁で出して以後休刊状態に。

1945
4月

「川柳きやり（卯月）社報」（四頁）

海月堂私記　「……■三月一日の句会に此会場のある限りを約したが、旧会場の山樂も壽会館も灰になつてしまつた。■空襲々々の間に弥生号の一部を発送、最終の一束は発送不能の為空しく待避壕の中に置いた儘となつた。■本号も三月十日払暁にかけての空襲に戦災地出動となり五日延びてわづかに四頁としてお目にかける事となつた、耳の神経は鋭くなつたが心は豊かに筆を執つてゐる。■寝ても起きても着たまゝの毎日、昨日は人の身、今日は我身と朝々の卓に初老夫婦の心は一椀の味噌汁に合掌してゐる。」

生きのびた友達の顔土がつき　突風
紙屑でともかく今日の飯は出来　きよ緒
体当り見たり一瞬息をのむ　剣狂兒
便り読む戦友の眼ざし父となり　草人
爆弾を抱いて風船海を越え　きよ緒

昭和十九年十一月三十日、陸軍気球連隊、千葉太平洋岸から風船爆弾を米国に向け発射。
「風船爆弾」アメリカ本土を脅かす（昭和二十年二月十八日、東京朝日）。「外電の報ずるところによれば、昨秋以来米国各地に頻々と原因不明の爆発あるひは火災が発生、……このわが新兵器の戦果に関しては米当局が緘口令を布いてゐるため詳細には知り得ないが……」と。

消息欄「東西南北」に「▼三月十五日迄に判明せる戦災社人、巨郎、爲雄、哲茶、佳寶、鈴波、浩、鐵兜、突風、眞砂（再）、寛延、肖五、圭佑宅。▼社友諸君動静お知らせ下さい。次は情報号として五月中旬発送予定。」と。この号は四月八日付の社報九。

「番傘」四月号（八頁）。

火と煙の渦を娘の手を曳いて 渡邊紅衣
舗道走る火の粉霰《あられ》の如く飛ぶ 生島鳥語
焼け死なずその夜真赤な夢を見し 喜多春秋
福井県を除く情報そこに住む 福井 村田眉丈
唇が乾き敵機へ耳澄ます 西宮 永田曉風
あの友この友空襲の地の友思ふ 大阪 上田芝有

敵機来と空襲の情報を伝えるラジオのニュース。しかし、すべてを伝えるわけではなく、情報が入らないところは、「○○を除く」と放送される。その除かれたところに、母が、疎開の子供が。除かれたところに住んでいる人にとっても、「除かないでちょうだい！」です。

渡邊紅衣さんの罹災記「魔火と戦ふ」

『敵機大編隊で北進、といふラジオの情報に続いて難波進入を報じた。爆音は響いて来た。待避信号の半鐘は乱打された。一瞬暗い街は静まり返つた。妻や娘を待避壕に入れ、組長である私は軒下に起つて敵機の行動を見張ることにした。その時南の空に光りものがした。扨ては投弾したナと見上げる天空には、幾十かの焼夷弾が花火のやうにチラ〱と静かな街を目蒐けて降つて来る。それは丁度好餌を見付けた豺狼《さいろう》が舌なめづりしつゝ、その獲物へ近寄つて来るやうだ。「焼夷弾だ、壕を出よ」と組内へ怒鳴つて廻はる間に、魔火の雨は次々と落下し、私の町の近くにバラ撒かれ、早くも南方には大きな炎が舞上つた。「四天王寺辺か」と町会の人々と評議してゐる内に、隣町にも亦裏街にも紅蓮の炎が燃え上つた。／「〇〇町へ防火応援」／待機してゐた人々はバケツで水槽から水槽へリレー式に水を運んだ。隣街の魔火は拡大して来た。／「随分大火事になつて来た」／「これなら新聞でも読めますよ」／などゝいひながら立働いてゐる。敵機は五六づゝ編隊を組み、通魔のやうに私達の頭上高く、不気味な音を立てながら、火の雨をバラ撒いては西北に進んで行く。火の手は四方に挙がると倶に風が吹出して来た。それまでは他町の応援に働いてゐた私の町にも、魔火が降つて来た。「〇組へ落下」と叫びながら、私は水に浸した火こすりを持つて走つた。火は××宅一軒ではなかつた。妻は自宅の階上から屋上を見張り、娘は裏手を監視してゐた。／「水だ」「梯子だ」／と叫ぶ声が吹きまくる風に卍巴と荒れ狂ふ魔炎と黒煙との底から響いて来る。誰かゞ持出して路上に捨てた幾つかの毛布や風呂敷包からも火を吐いてゐる。私はそれを靴で踏消しく〱建物の防火に努めたが、暴虐なる敵機は燃えてゐる上へく〱と更に数十個の焼夷弾をバラ撒いて行くので、今は手のつけやうもなくなつて了つた。私は自宅へ駈戻つて見ると玄関は火の粉と黒煙との渦だ。モウ駄目だと観念するや妻や娘に避難を命じた。そして私は組内に誰も残つて居ないのを見届け、倶に避難する事にした。電車道へ走り出たが四方が火の海だ、随つて私共妻子を無事に避難せしめて呉れる安全な場所もなささうだ。この火の海原に起つて私は礑《はた》と当惑したが、妻子を励まし勇を振つてこの猛炎を潜り抜けるために煙と炎の中へ飛込んだ。路上には燃え倒れた木材や切れた電線が、宛然《えんぜん》猛火に身をもだえてゐる百千の毒蛇のやうに垂下つてゐる。此間を走り抜ける事はなかく〱容易な事ではない。／「眼をやられました」／と妻が叫ぶ。私も眼をやられた。そのチクく〱と痛むのを我慢しながら、「皆頑張れモウ少しだ」と引きずるやうにして漸く脱出し、ホツと一息ついた。家族はこの外に今年入営する三男が居るのだが、学徒動員で○○に勤務し此日は宿直に当つてゐるので勤務先で敢闘してゐる事であらう。「兄さん晩に戻つたら家がないのでびつくりされませうネ」と娘はいふ。／家が無いだけではなく、一枚の着換へすら持出して居ないのであり、また三十余年来蓄積した美術品茶器書籍をはじめ、二十余種の自著書籍、及び四十年来の川柳句帳まで焼いて了つた私は、全く生れた儘の裸となつたのである。雨は激しく降出して来た。何も彼も失つた私は、却てサバく〱としたやうな気になると同時に、此恨みはきつと返してやるといふ敵愾心に今渾身を燃え立たせてゐる。』

（「番傘」二十年四月号）

幼馴染のあの友この友「誰か故郷を想はざる」（昭和十五年　詞・西条八十　曲・古賀政男）が脳裏に流れます。

孤島死守の記事を抱いて朝を出る　八　幡　高丸花陣
椰子の木がいつしか松にかはる夢　マライ　篠原正二
つぎあてた電車勝ちぬく国のもの　大　阪　角尾月兎
母の住む方へ敵機が向きを変へ　室　戸　賀戸砂丘

囲み記事で「噫、阪井久良伎翁」。明治末、狂句におちいっていた川柳を現代川柳としてよみがえらせ、川柳中興の祖と言われる阪井久良伎（明治二年生れ）が四月三日亡くなったことを伝えている。「……終始一貫、川柳は日本民族の精神の表現であり、大衆詩として世界に冠絶せるものとして、大犠牲を払ひつゝ認識不足の文壇並に社会と闘つた。……」。七十六歳だった。

▲三月十四日、前夜分室でとりまとめた三月号の校了と四月号の原稿を持つて印刷所へ出かけた。大阪の空はまだ黒煙低く垂れこめてゐた　……▲二十何年間つゞけて来た本社の例会場、大阪共済会は焼けた……（「あれから」より）。そして最後に（此項、大阪府検閲済、水府記）と。

1945 5月

「川柳きやり　社（五月）報」（四頁）

『……■焼跡に青い芽を見る土に生き／吟社の発願によつて再建した龍寶寺内木枯碑も戦災に逢つた。「あとで芽を吹け」この一筆を乞ふた久良伎翁も地下に江戸を説いて居られやう……、先輩も新進も今日この時振り出しへ戻つて同じ線から走るのだ。……■朝飯に坐る片眼帯の笑み／四月十三日の夜襲四時間、周辺猛火に包まれたが幸ひに吟社は残つた、火の子を浴びての片眼帯も団服のかくしに用意したもの、バケツ一杯の水に助かつた、此朝受取つた卯月社報も壕の中に助かつてゐたのは嬉しかつた……■友の顔我顔黒く笑ひ合ひ／翌朝三星子、花翁両君来訪お互ひの無事を悦び合つた、翌十五日夜は吟社から西南方面に来襲……■仏壇の桜明るくチンと鳴り／小庭の八重桜は真盛り一枝手折つて亡きふた親へ安泰を報じ昨日今日と心静かに、勝ちさへすれば……。と祈願した。……壕舎から煙焦土も豊なり　周魚』

お互ひの無事を悦ぶまるはだか　巨郎
罹災した人の笑顔にこみあげる　哲茶
壕揺らぐ解脱は遠い砂の音　伊太古
今はもう生活の中の待避壕　ふじ彌
一本の葱罹災者の瞳のうるみ　三舟
警報は解除かちどき橋あがる　三星子

「▽告△　紙上句全部戦災　三月十日未明紙上句会部の巨郎宅焼失、各位の投句を浄書中に焼失、選者各位並に参加諸氏に紙上よりお詫び申上げ、会費の全部は次回募集に対し振り替へる事をもつて諒としていたゞく。」

戦災、疎開のため新住所録がのせられていますが、三十七名のうち二十六名が戦災による住所移転。戦災死を伝えられる人も出てきました。

「暴爆明治神宮焼失す／B29百七十機、四時間　帝都市街を夜襲　大本営発表　……右爆撃により宮城、大宮御所及赤坂離宮内の一部の建物に発生せる火災は間もなく消火せるも明治神宮の本殿及拝殿は遂に焼失せり　都内各所に生起せる火災の大部は十四日六時頃迄に鎮火せり」（四月十五日、読売報知）。

「番傘」第三十四巻第五号（四頁）

爆風を硝子が叫ぶ監視哨　瀬戸　佐藤叫史

弾が降るふる降る中の姫椿　神戸　黄楊一雄

豆も菜も陣地で出来たおみをつけ　○○　北川絢一郎

焼夷弾蹴り踏み叩き水をかけ　静岡　寺下夢銭

境内は畑柏手はきつと勝つ　中河内　辻元芳一

壕の入口嗅いでゐる奈良の鹿　北河内　中尾毬栗

『▲戦災間もなく配達された味噌はところぐ焼けてゐた。誰かの葉書のへりが焦げてゐた。いよいよ戦場生活の感を深くさせ、何となく心の底から反省させるところがある。』（人間手帖　水府）。「▲四頁の本誌は、創刊以来初めてのことだが、この訳は▲印刷所が移転拡張するについて危く休刊になるところを折合ってこの始末となつたので、この場合雑誌の灯を消さぬことをまずよしとして、辛抱して頂かなければならぬ次第……▲久良伎翁の長逝は各方面から惜まれてゐる。本社は五月十三日大阪において、その追悼句会を催した。詳細は次号に……（五月十四日、水府）」と「あれから」にあったのですが、これ以後「番傘」は発行できず、六、七、八、九月号休刊。その間に敗戦。

3　四頁、たった四頁、されど四頁

1945
6月

「川柳きやり　社（六月）報」（四頁）

「……／廿五日夜三星子社人来談中に警報発令十数編隊との情報に、さてはと仕度にかゝる、三方火の海の中を三星子の活躍、隣組総動員の注水に吟社は残つた、幸ひに朝の食卓を畳の上に囲む事が出来た、社友諸君の通信、句稿も壕内から机上に、越えて月末本報の校正は月を越してしまつた。…周魚…」

東京空襲の体験を記した傑作「東京焼盡」（内田百閒　旺文社文庫　１９８４）の「序ニ代ヘル心覚」から空襲の規模を教えてもらいます。

「……○十九年十一月二十九日夜半ノ焼夷弾攻撃ニ依《ヨ》ル神田日本橋ノ大火ヲ皮切リニ／○殆《ナト》ンド連夜ドコカニ火ノ手ガアガリ／○二十年一月二十七日午後曇天ノ銀座ノ爆弾攻撃／○三月十日ノ本所深川浅草カラ九段ヘ掛ケテノ大空襲所謂《イハユル》絨毯《ジユウタン》爆撃ニ続イテ／○四月十三日夜半ノ空襲デ四谷牛込ノ大半ハ灰燼ニ帰シ／○同十五日ノ未明ニハ品川大森蒲田ノ一帯ガ火ノ海トナツタ／○サウシテ五月二十四日カラ二十五日二十六日ニ及ブ仕上ゲノ大空襲トナリ／○二十五日夜半ニ家ヲ焼カレタ……」。

焼野原ふと崖下の虎耳草　周魚

再会もならぬ焦土に掌を合せ　周魚

焼鍋を提げた同志が巡り会ひ　伊太古

視野緑着たまゝの身を忘れかけ　戀可

沖縄へ攻撃きびし若葉風　壺天

焼け鉽力生れた土地を護る小屋　きよ緒

配給の豆割当る一握り　鐘村

浅草で浅草を訊く焼野原　浩

土地ッ子にせめても三社様が無事　井窓

虎耳草＝こじそう＝ユキノシタ＝食べられます。鉽力＝ブリキ、薄い鉄板に錫をメッキしたものです。亜鉛でメッキしたものは、トタン。

「敵・沖縄本島に上陸開始／那覇北方に主力侵寇　皇軍猛迎撃血戦中　大本営発表　…本四月一日朝来其の主力を以て本島南部地区に上陸を開始せり」（四月二日、大阪毎日）。とうとう沖縄本島に米軍上陸です。

「東西南北」に▼今井九曜亭　沖縄より「月光に母の写真を見てる兵」（翌七月号の一家吟に一部改訂句が）。内報に「▼……五月の社報は十五日より廿日迄の間に順次発送しました」と。昭和二十年六月八日（社報十一）

1945
7月

「川柳きやり　社（七月）報」（四頁）

「……川柳も亦勝たねばならぬ。戦災作家の明朗頑張り、戦列作家の明快張切り何れも川柳十七音字の波紋である。／番傘社は京都に分室を設けて毎月雑誌を続けてゐる事もたのもしく……―明窓独語・周魚―」　周魚主幹の思いに反して、「番傘」は、五月号を出して以後、空襲で印刷所が焼け、敗戦後まで休刊状態。続いているのは「川柳きやり吟社」の社報だけで、川柳は発刊雑誌ゼロになってしまった。

焦けた風疎開やもめの赤い釜　　村田周魚
おいといふ友の得難さけふに知る　　磯部鈴波
梅雨晴のひととき壕舎やたら干し　　鈴木哲茶
月円く母の写真を見入る兵　　九曜亭
表札が二つ罹災の友と住み　　玉甫
壕を出る笑顔敵機の去つた空　　突風
焼跡を小皿小判のやうに出る　　茂巳
一丁のやつこ焦土の風も初夏　　三星子
燃料が来た豆腐屋を見て通り　　光壽
大利根の景色となつてB一機　　伊太古

五月の社報に戦災や疎開による新住所録と共に「戦災死を伝へられし諸氏」と四人の名が伝えられたが、七月の社報では▼戦災爆死作家、合掌　として九名の名が。新住所録も（三）となり、戦災作家も増え続け、中に再度罹災の作家も六名を数える。家を焼かれ、移転先といってもそう簡単には見つからず、近隣の知人宅に一時避難して「表札が二つ」。さらにそこも焼かれて命あるのが幸いと逃げ惑う。三月九日から十日にかけての空襲で麻布の偏奇館を焼かれた永井荷風は、代々木の従兄弟宅に一時身を寄せ、そこから東中野のアパートへ。そこも五月二十五日に焼け出され、知人宅に一時避難、六月二日、大阪経由明石の知人実家近くの寺へ。そこからまた岡山へ。岡山でも空襲で「余は旭川の堤を走り鉄橋に近き河原の砂上に伏して九死に一生を得たり」（断腸亭日乗）ということに。空襲は敗戦の八月まで続き全国の市町村に及んだので、田舎へ疎開したからと言って安心はできない状況でした。悲惨なり戦。

1945 8月

「川柳きやり　社（八月）報」（四頁）（東京のお盆は新盆、七月です）。

「……盆の十五日戦災殉難作家と家族の慰霊祭は帝都銀座の真ン中に社人一同の東西奔走で生花も盛られ、祭壇もつくられ巨郎司会の下に参席者一同の合掌冥福を祈り生けるものとしての明日への精進を誓つた。私の気持もこれで晴々とした。／海月堂私記となつてしまつたが、本号からは本誌の創刊当時に戻つての「○丸帳」にわさびの味を覚え、句は重点主義の一句としてお互ひに其一句を深く味はつてもらふ事とした。……—明窓独語・周魚—」
「七月卅一日。……東京は五月以来火災なく平穏無事今日に至れるが如し。但し他の人の端書によれば米三分豆七分の食料には困却せりといふ」（永井荷風「断腸亭日乗」）というので、食糧事情はともかく、銀座でお盆の法要が出来たわけです。もう空襲しても焼くところがないぐらい焼き尽くされた東京でした。

蚊帳に寝て沖縄の友夢に来る　村田周魚
蕗よもぎまんざらでない煙を吐き　巨郎
はつきりと東がわかる焼出され　鞍馬
さようなら往く子残る子疎開の子　一夜
生き残る今日の命に胡瓜もみ　蟷螂子
焼跡で知つた女房の力なり　一若

タバコが欠乏して買えない。吸えるものならなんでも吸った。ブドウの枯葉がそれなりにうまかったとか。住所録も（四）となり、情報消息欄に「応召出陣」の文字。こんな状況で戦場に狩り出されるとは、考えただけで暗い気持になりますが、ご当人はどんな気持だったのでしょう。この号の発行は昭和二十年八月八日。古くからのメンバーである四谷・西念寺住職で川柳名〇丸さんのエッセイ「○丸帳」が始まった。

「罹災即日、焼夷弾の六角の蓋が応用された、それは、悲しい哉、戦災者への線香立」

4　八月十五日　戦争は、終わった。

突然でした。八月十五日の朝、ラジオが開始されるとすぐにこんな放送が流れた。

「慎んでお伝えいたします。かしこきあたりにおかせられましては、このたび詔書をかん発あらせられます。かしこくも天皇陛下におかせられましては、本日正午、おんみずからご放送あそばされます。まことに恐れ多ききわみでございます。国民は一人残らず慎んで玉音を拝しますように。……国民もれなく厳粛なる態度で、かしこきお言葉を拝し得ますようご手配願います。ありがたき放送は正午でございます。なお、今日の新聞は、都合により午後一時ごろ、配達されるところもあります。」そして、正午に玉音は流れた。

「朕深ク世界ノ大勢ト帝国ノ現状トニ鑑ミ非常ノ措置ヲ以テ時局ヲ収拾セムト欲シ茲ニ忠良ナル爾臣民ニ告ク……」。

さて、ポツダム宣言受諾を告げられた忠良なる爾臣民はどう感じたのか、「川柳きやり」の周魚さん、番傘改題「川柳往來」の水府さん、この二人の発言とそれぞれの柳誌に投句された川柳から、臣民の感情を汲み取ってください。

1945
9月

「川柳きやり社報（九月）」（四頁）発行日、昭和二十年九月八日。

『大東亜戦が今日の形において終局に入らうとは全国民として予想しなかつたところだ、我々は戦捷祝賀句会の日の来たる日をたのしみに各々其職域に働きつゝ、精神修養と慰安とを句作にもとめて来た。……／今日以後我々は更に前進すべき途を拓かねばならぬ……、これらの掛声も今日のところ冷静に世相をみつめ、秩序変化の動向を予想して前進しやうと思つてゐる。……／「がつかりとノンビリとした浴衣がけ」春雨老からの句信だ、ずばりと心境を言つてのけた春雨老の健在をうれしく思ふ、「小じんまり暮しませうと手を洗ひ」春雨老の気持が充満してゐる。……／……川柳作家は川柳作家としての力を養ひ新日本の川柳を作らうではないか。—周魚—』

春雨老とは、明治の末、阪井久良岐による川柳中興の時からの作家篠原春雨（一八八〇〜一九四六）で、山梨県甲府在住だが、このときの便りは疎開先の現韮崎市穴山から。がっかりとノンビリが大方の日本人のこの頃の実感だったと思わせる周魚さんの反応です。

均しきに出直す街の明るい灯　村田周魚

竹槍で何やら乾く壕舎の陽　巨郎

すいとんに親子三人葱が浮き　一吉
蟻の列こゝも生きるに必死なり　三舟
せめてもの友の住居も灰と知る　藤吉郎
二勺減何んの何んのと工夫あり　満山
子は元の餅となつた蚤取粉　ち呂利
焦土今バケツ一つで用が足り　伊太古

七月に米の配給が切り下げられ二合三勺から二合一勺になってしまった。消息欄「東西南北」に▼渡邊紅衣（番傘社顧問）七月廿二日逝く、遺詠（大文字山を軒端に侘住居）。

1945 10月

「川柳きやり社報（十月）」（六頁）十月八日発行。

「敗戦の苦汁を味はひつゝ社友諸君の句を手にして、作家としての新たな希望を抱きつゝあることを嬉しく思つた。／新日本の川柳、それをむづかしく、固苦しく考へる要は無い。平和愛好の川柳、言ひたいことをずばり十七字にまとめること、それでいゝのである。眼に触れたこと、自分の感じたことを率直にぶちまけばいゝのだ。……／巻脚絆を解き、戦闘帽を脱ぎ戦争によつて押し込められてゐた心を矯《た》め直し、平和愛好の川柳道を自由に歩かうではないか／……物の不足を心の富裕で補ふ心構えを川柳によつて堅めやうではないか。…二〇・九・一五… 周魚」。敗戦後ひと月、主幹村田周魚の主張でした。

報道は稔り配給おままごと　村田周魚
働いた顔は鏡に痩せ細り　村田周魚
馬鹿を見たゞけで正直者へ秋　巨郎
灯管の解かれた夜をまぶしがり　春翠
神風の吹かないわけを振り返る　哲茶
父帰る隣り帰らぬ父があり　春雨
川柳忌鉄骨だけの家ばかり　ち呂利
水打つて風鈴と居る夏祭　霞
お神輿のお渡りがある雲の峰　司馬亭

「東西南北」に「▼小田夢路（番傘社同人）八月六日広島にて原子爆弾のため逝く、超えて九月二日番傘社主催霊前句会を催さる」。

1945
11月

久々に出た**十月一日**発行の**「番傘」**は改題して**「川柳往來」**四頁。番傘からの巻数を引き継いで三十四巻・第十号（第六号で十月号の誤り、次号で訂正あり）。

「これからの川柳の構想　岸本水府　／　暫くは茫然自失だつたが、忽ちのうちに、心の平静に戻つた。そして平和の道を見出し明るさの中に、新日本人としてのいでたちを作つた。……／由来私たちの川柳は古川柳時代から、巷の平民詩として育てられ、時に文学の茶漬気分浴衣がけに譬へられる位のありどころを持つてゐた。それが、世相、風俗を描く詩であつただけに、大戦争に直面して、軍歌のやうに身をひきしめて、勝ちぬくための詩となつてゐた。私たちは、いまそれを正して、……今こそその本領を発揮して新日本人の生活に欠くべからざるものとしての実践をつづけなければならない。……／筆硯《ひつけん》を新にといふ言葉があるが、全く白い穂尖の揃つた筆に、香り高い墨含ませて、新日本の将来を祈る心で進みたいものである。（九月十六日）」

醤油が瓶に半分世が移る　岸本水府
思ひきり笑ひ汁粉の話する　岸本水府
洛北の虫一千を聴いて寝る　岸本水府
紳士の夜なべ煙草を巻いてゐる　富士野鞍馬
未練などサラリ焦土へ大根蒔き　前田五健
英和辞典塵打ち払ひ打ち払ひ　田村水舎
膳のはし缶切動き眼も動き　瀧山乃武

四頁のうち約一頁を使って原爆で亡くなった番傘副会長の小田夢路さんを追悼している。その中の遺詠（六、七月本誌への句稿より）の一句。

身代りといふことにした焼けた服

情報消息欄「三々五々」からの数項目。▲日本の一大転機に遭遇し、三十三年間用ひて来た「番傘」の名をこの際「川柳往來」と改題して、新しく発足することにした。……▲ここで本誌が休んでゐたことについて説明しなければならぬ。乃ち印刷所は六月一日に戦災した。早速別の印刷所に交渉しあとを引受けて貰つたが、此処もその翌日の六月十五日に焼けてしまつた。京都の印刷所の交渉を開始したが一ケ月半は夢のやうに過ぎた。本社同人中で曾て番傘会報を出してゐた方面へ当つてみたが、皆焼けたり、引受けられなかつたりした。そのうちに用紙の配給を受けてゐた出版会から、戦局の上から用紙が出廻らぬから供給出来ない、多数の雑誌社と共に本社も特配や通常割当の切符を貰ひながら足踏み状態となつた。更に事態はより深刻となり多数の雑誌社の用紙配給量が零となつた。かうした事情で隘路は更に隘路となつた。……▲雑誌が休んでゐるのに投句を怠らず月々の詠草を送られた故夢路氏始め諸君の熱意に敬意を表す。……▲本号は四頁だが次号から頁を増す。来春からは更に雑誌らしくなるであらう（九月二十五日）。

「川柳きやり」第廿六巻十一月号（六頁）昭和二十年十一月十日発行。

「社報」がとれてすっきりと「川柳きやり」に戻し題字も七行取り三段と大きくなり、その下に291と通巻号数が復活。敗戦後ひと月あまりたって出た十月号から六頁になり、この二頁に戦争と平和を感じるのです。戦場から兵士達が復員してきます。

「明窓独語／社友、社人諸君の復員に柳壇は賑やかになつた。出題も自由に作風も自由に真実を詠へる悦びに朗かさを取り戻した、我々はそれでいゝとは思つてゐない、更に明朗な柳壇を創り出したいものだと思つてゐる。……二〇・一〇・一五… 周魚」

酔醒めの水だまされてゐた話　村田周魚
放送の英語会話へ母も坐し　三春
寛げるどてらこんなに世が変り　眞砂
冬が来る冬が来る来る焼トタン　周峯
総ざんげ位牌へ妻と只黙し　修雅
抱き上げて復員の父泣き出され　横京
三合の油に列ぶ小半日　瑤天
日本の明日へ給仕の英辞典　三舟
新日本まだ玉音は耳の底　琴荘

誰が言い出したのか、「総ざんげ」。酷い目にあった庶民がざんげして、この戦争を主導した人達は、ざんげ等忘れて戦後の利権に走ったようにみえるのですが。すなおと言うか、お人よしと言うか、庶民。平成の今も変わらず、のようです。泣き出す歳を超えていた私の場合、見慣れぬおじさんがにこにこと親しげに、変な感じ。これが復員した親父との初対面の記憶です。出征前の父親の記憶はゼロでした。

1945 12月

「川柳きやり」十二月号（六頁）

「……今年も余すところ僅かな暦端となつた、平和愛好の新春を迎へる日に当り、焼夷弾の降つてくる下に、焦土の中に在つて本誌に、句会に協力してくれた社友諸君に私は合掌して御礼を云ふ……一一・一七　周魚」（明窓独語）

叱つてはみる母親も餓じがり　伊太古

弁論は自由暮しは押しつまり　剣狂児

餓死線のこの片足を外すまい　迷峰

参政権よりも米肉味噌醤油　三春

配給で生きやうとして痩てゐる　笙人

西島〇丸さんの「〇丸帳」に「私の所へ、日毎餓死した人を、埋めに来る都の一隅には、悲劇が人知れず続けられてゐる。」〇丸さんは東京・四谷、西念寺の住職。

飢ゆ群れの噂帝都の北の駅　壷天
家中の腹が減つてる客があり　一若
争かいの夫婦どつちも腹が減り　三星子
民の声聴くばかりでは頼り無し　村田周魚
餓死一歩へそくりも無く風邪に寝る　村田周魚

みんなみんな、腹ペコでした。みんなみんな生きるに必死でした。そんな中、川柳を生きる糧とした人たちがいました。六頁ながら、最終頁に奥付復活。昭和二十年十二月十日発行で雑誌の体裁に戻った。定価一部金一円（送料共）。

「番傘」改題「川柳往來」第三十四巻第七号（昭和二十年十一月十二月合併　十二頁）
巻頭から待ち構えていたように句がならんでいます。

生き延びて窓皆ともす秋となる　永田暁風

鉄兜敗れた日から仰向けに　永田暁風
語りあふうちに涙の件あり　食満南北
敗けたなら生きてをらぬと生きてをり　米津帆二

集団疎開の子還る

還る子に妻何処からか出す砂糖　福永泰典
米兵を見上げて一に負けたわけ　柳澤花汨
敗けた敗けたと焼トタン風に鳴る　榎田竹林
ともかくもわが家わが室わが机　柴田午朗
枯れた葉がたばこになつて十二月　岸本水府
原ツぱの中に駅ある都なり　北川亀之助（東京）
募集札一日でもう用を足し　小川省三
世はかくてジープの音に枯葉舞ふ　中川紫郎
浴衣単衣袷褞袍と酒たのし　砂人
風呂敷で店をひろげる戎橋　俊作
合成酒などは知らない兄還る　いさむ
蔓を育てましたと細い藷をくれ　日華
ベニヤ板まぜて硝子の戸が動き　吾水

敗残兵ですと還れば笑む一家　軍路

朗らかな笑ひに白の鉄兜　水府

平和って、ごく当たり前のこと、という実感があります。記録に残る戦後の写真と一句一句対応しているような感じもします。浴衣＝ゆかた、単衣＝ひとえ、袷＝あわせ、褞袍＝どてら。それぞれ、あるものを着て、平和に酒が飲める幸せをかみしめる。白の鉄兜はMP、米軍の憲兵(Military Police)。

この号に、七月二十二日亡くなった渡邊紅衣さんと、十一月二日に亡くなった齋藤松窓さんの追悼記事。両人共に明治末の現代川柳勃興の頃からの作家でした。敬弔。

「△用紙は相変らず不自由である。用紙配給は出版会から政府の手に渡つたが、勿論マ司令部の指示を待つことになつた。また雑誌は毎号同司令部へ送つて検閲を受けてゐる。△きやり（東京）は十一月号から会報を通巻二百九十一号とし、雑誌に復活する前提とした。空襲下の東京で毎号続刊したことに敬意を表す。△前号題字脇に第三十四巻第十号とあるのは第六号の誤り」（「三々五々」より）。

1946 1月

「川柳きやり」の昭和二十一年一月号が出ました。正月十日発行で八頁。編集後記の日付けは二〇・一二・一一。敗戦から四ケ月の日本の状況を「明窓独語」にうかがうと……。

『……家庭四六時に於ても、瓦斯は出ない、水道も時折止まる、夜食時になると電灯が消える、斯

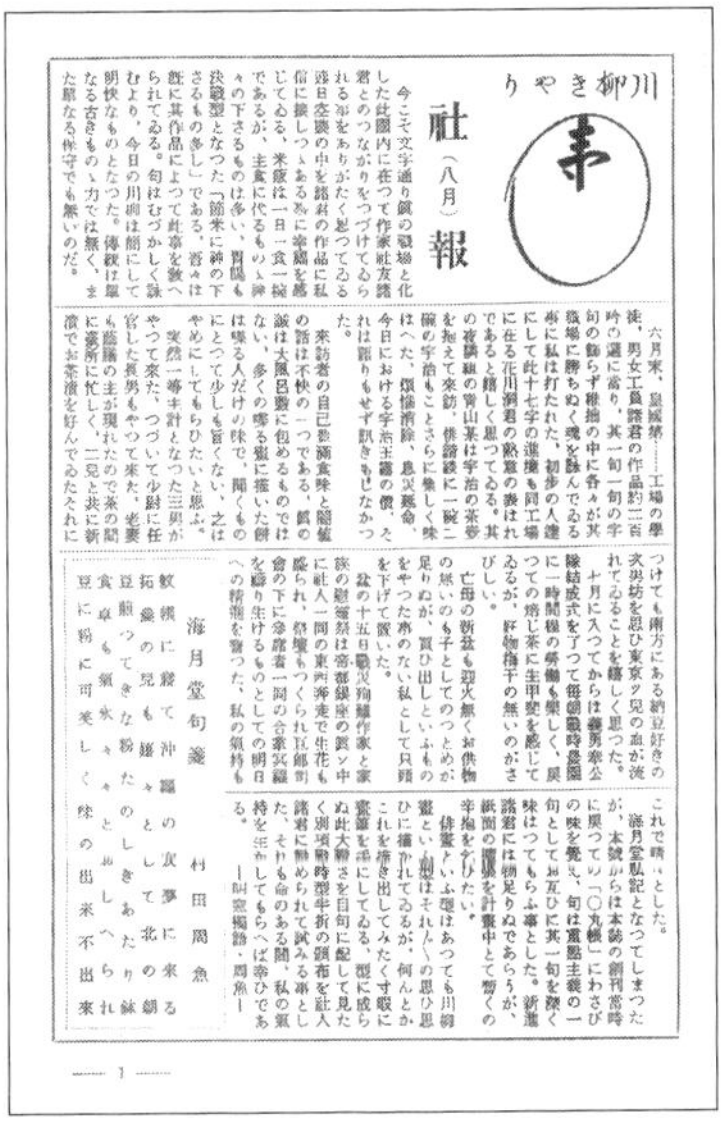

川柳きやり

社報（八月）

今こそ文字通り鐵の職場と化した此圏内に在つて作家社友諸君とのつながりをつづけてゐられる事をありがたく思つてゐる連日空襲の中を諸君の作品に私信に接しつゝある為に幸福を感じてゐる、米飯は一日一食一椀であるが、主食に代るものゝ神々の下さるものは多い、胃腸も決戦型となつた「節米に神の下さるもの多し」である。吾々は既に其作品によつて此事を教へられてゐる。句はむづかしく詠むより、今日の川柳は簡にして明快なものとなつた。傳統は單なる古きものゝ力では無く、また單なる保守でも無いのだ。

六月末、皇國第……工場の學徒、男女工員諸君の作品約二百吟の選に當り、其一句一句の字句の飾らず稚拙の中に各々が其職場に勝ちぬく魂を詠んでゐる事に私は打たれた、初歩の人達にして此十七字の進擊も同工場に在る花川洞君の熱意の表はれであると嬉しく思つてゐる。其の夜講組の背山某は宇治の茶壺を抱えて來訪、俳諧談に一碗二碗の宇治もことさらに樂しく味はへた、煩惱消除、息災延命、今日における宇治玉露の價、それは語りもせず訊きもしなかつた。

來訪者の自己盛爾食味と鬪爭の話は不快の一つである、鐵の銃は大風呂敷に包めるものではない、多くの喋る鍼に掻いた餅は喋る人だけの味で、聞くものにとつて少しも旨くない、之はやめにしてもらひたいと思ふ。

突然一等半計となつた三男がやつて來た、つづいて少尉に任官した長男もやつて來た、老妻も臨勝の主が現れたので茶の間に臺所に忙しく、二兒と共に新漬でお茶漬を好んでゐたそれにつけても南方にある納豆好きの次男坊を思ひ東京ッ兒の血が流れてゐることを嬉しく思つた。

十月に入つてからは義勇奉公隊結成式を了つて毎朝戰時農園に一時間程の勞働も樂しく、戻つての焙じ茶に生甲斐を感じてゐるが、好物梅干の無いのがさびしい。

亡母の新盆も迎火無く御供物の無いのも子としてのつとめが足りぬが、買ひ出しといふものをやつた事のない私として只頭を下げて置いた。

盆の十五日戰災殉難作家と家族の慰靈祭は帝都銀座の鐵ッ中臨られ、社人一同の東西奔走で生花も飾られ、祭壇もつくられ互郎剳會の下に參席者一同の合掌哀禱を織り生けるものとしての明日への精進を誓つた、私の氣持もこれで晴々とした。

海月堂私記となつてしまつたが、本號からは本誌の創刊當時に戻つての「〇丸欄」にわさびの味を覺え、句は重點主義の一句として御互ひに其一句を嚙く味はつてもらふ事とした。新進諸君には物足りぬであらうが、紙面の擴張を計畫中とて暫くの辛抱をねがひたい。

俳壇といふ壇はあつても川柳壇といふ壇はそれぞれの思ひ思ひに描かれてゐるが、何んとかこれを描き出してみたく寸暇に成らぬ此大難さを自句に配して見たく別項戰時型半折の頒布を社人諸君に勸められて試みる事とした、それも命のある間、私の氣持を汲んでもらへば幸ひである。

―川窓獨語・周魚―

海月堂句叢　村田周魚

蚊帳に寝て沖縄の哀夢に來る

拓殖の兒も嫁々として北の鋤

豆煎つてきな粉たのしきあたり鉢

食卓も氷々と出しへられ

豆に粉に可笑しく味の出来不出来

― 1 ―

最後は4頁になってしまった「川柳きやり社報」（昭和20年8月）

「番傘」改題

川柳往來

第三十四卷・第十號

これからの川柳の構想

岸本水府

誌名「番傘」を「川柳往來」と改題す

（1）

復活した「番傘」改題「川柳往来」（昭和20年第10号　全4頁）

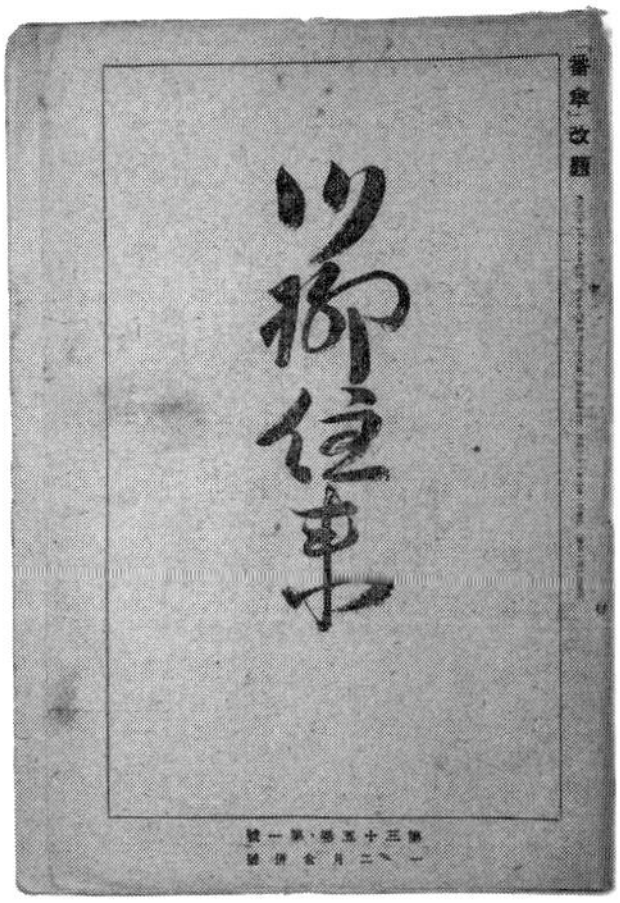

「番傘」改題

川柳往來

第三十五卷・第一號

一・二月合併號

昭和21年第1号の「川柳往来」（全12頁）

うした日日をつゞけてゐる、朝夕の外出に足を封じられる、蒼天市場を通り抜ければ我々級には手も出ない値札が付いてゐる。劍狂兒の近詠「弁論は自由暮しは押し詰り」である。（略）戦争中為政者の一人は、昔の義理人情を捨てゝ仕舞へと民衆に強調した、斯んな馬鹿げた事は無い、江戸時代の義理人情一町内共同の力も今日の隣組の比では無く、不正不法な商をやればさげすみ眼で睨まれたものだ、さうした気持を捨てろとはとんだ為政者が現はれたものだ、斯うした指導者？が新古川柳に理解をもつてゐたら、義理や人情が今日の如くセロハンのやうにはならなかつたらう……』。後半は、今の世のことを言われているようでもあり、どきりとします。

飯はよいどころか餅も喰へぬ春　村田周魚
キヤバレーへ通ふ借着の裾が切れ　ふじ彌
弁当をひろげて闇の値に怯へ　幸詩
開店のビラ電柱へ人が寄り　幸詩
腹からの笑を欲しく年の暮　春翠
三合を求めて腹を絞る声　修雅
配給で生きやうとして死んだ記事　笙人
敗けた訳説明しろと母せがみ　吐虹
一切れのあら巻の値を見て帰り　佐保蘭

正直に配給だけの食料で餓死した人も出た。「食糧難の犠牲今や深刻　栄養失調の死　闇なき亀尾東京高校教授」（昭和二十年十月二十八日、大阪毎日）。産めよ殖やせの国策にそって六人の子持ちでした。「日記の終りのページには　／国家のやり方が判らなくなつて来た。限られた収入とこの食配給では今日の生活はやつてゆけさうもない／　という意味が記されてあつた」と。

1946 2月

「番傘」改題「川柳往來」、昭和二十一年のスタートは**二月一日発行の第一号**。川柳往來と大書しただけですが、表紙ありの全十六頁。最終頁のコラム「三々五々」に「△新春号ともつかず今年初めての本号を出した。△本誌は今まででも全国の書店に並んでゐたが、本号からその部数を増して賑やかに発足することにした。△但し定価を保持することは却々困難なことになつた。一冊三十銭時代にライスカレーも三十銭だつた。そのライスカレーが今は一皿十円になつてゐる。川柳家の事業はそれと同じではないから、それを思つては不可ないことであるが苦痛乗切が大変である」。で、一・二月合併の本号の定価は一円弐拾銭で送料五銭。

紙芝居こゝもアメリカ側に問ひ　好伸改め　川上湧人
ハローと呼んでブラシを見せる靴磨き　上田芝有
おどかしておいて飲み合ふアルコール　吉川亞人
私のは無花果ですと煙草捲く　故　田村水舎

荒鷲は去年今年は闇市場　生島鳥語
嘘ばかり聞いて三年八ケ月　合田笑宇坊（東京）
日曜日又日曜日職がなし　山田有町（愛知）
よく売れる紙十銭の英会話　猿丸安之（芦屋）
戦争は反対だつた顔ばかり　山　椒　亭
痩せてゐるお互様に痩せてゐる　松尾高年
国乱れ家貧にして何も出ず　水村京介
配給で暮らした正直者の通夜　伊古田伊太古
雑巾にして千人にお詫びする　山田默葉
植木屋が植木屋となり秋の風　青木奇城
八日から十五日まで悪い夢　丹羽和夫
どうしとる二合一勺生きてるぞ　渡邉みづほ
工場が教室に還り磨かれる　森本七兵衛
いろ〳〵の帽子が並び平和くる　五洲
疎開からお経おぼえた子が帰り　吾水

国内の検閲に代り進駐軍の検閲が紙芝居まで。工業用のメチルアルコールで失明・死亡事故。喫えるものなら何でも煙草に、葡萄の葉やら野草やら。特攻崩れといわれ闇市で荒れていた死ぬのは覚悟が生きて放り出された特攻隊員。軍需産業が消えて失業者の群れ。国破れ家貧しければ……孝子が出るはずなんですが……。八日から十五日、間に三年八ケ月の悪夢。米の配給は三×七勺の二合一勺。配給だけでは、餓死。せめて三合は喰わせろ！　戦闘帽一色の帽子かけに出た変化が平和そのものでした。疎開先は地方のお寺。

かくして、あの苛酷な戦争が終わって四カ月、昭和二十一年に希望を込めて年を越した。誰にというわけでもない恨みつらみも山ほどあります。食糧難でみんな腹ぺこでしたが、頭の上にあっていつも押さえつけられていた重石が消えた心地よさ、そんな川柳作家達の気分が句に溢れ出ている。「川柳きやり」は、昭和二十一年も地道に歩み出しました。十月号から表紙が復活して、表紙込みで十二頁に。一方、「番傘、改題、川柳往來」も着実に復活へ向かいます。六月に第一号（三、四、五月合併号）本文三十二頁に表紙廻り四頁。そして、十月に三号、同人の要望で旧誌名「番傘」を復活して、本文三十六頁。裏表紙には広告も復活です。特高の検閲は無くなりましたが、今度は占領軍の検閲が始まりました。この後もしばらく食料不足は続き、経済的混乱などで苦しい生活を強いられることになるのですが、なにものにも代えがたい「自由」がありました。

昭和十六年末から敗戦までの戦時下と、自由の風が吹き始めた昭和二十年末から二十一年初めの状況を川柳に教えられながら眺めた結果は？

「御国のため」という呪文に縛られ操られた結果、とんでもない人生をやらされてしまったなあ、という印象です。ことさらに愛国心、国歌、国旗を言い立てると、また「御国のため」、「もと来た道」だよと川柳が教えてくれています。

あの過酷な戦の世の中、作句しながら前線銃後で不幸にも倒れられた川柳家に敬弔、また、そのような状況下に川柳し続けた先人に感謝をささげ、川柳の中の太平洋戦争と庶民の暮しを終えることにします。

註

【9ページ】

＊**関東軍**＝中華民国からの租借地・関東州（遼東半島）の守備隊が前身。その後、満州（中国東北部）に駐留した日本陸軍の部隊。

＊**事変**＝宣戦布告なしの武力行為。

＊**五・一五事件**＝五月十五日に起きた海軍青年将校を中心とした反乱、犬養毅首相を暗殺。

＊**二・二六事件**＝二月二十六日に陸軍青年将校達が起したクーデター事件。

【10ページ】

＊**徴用**＝国家が国民を強制的に一定の仕事につかせること。

＊**朝鮮人の氏名に関する件**＝大日本帝国朝鮮総督府が制令で、本籍地を朝鮮に有する日本臣民に対し、新に「氏」を創設させ、「名」を改めることを許可するとした政策＝創氏改名。明治四十三（一九一〇）年十月、韓国を朝鮮と改称して併合し日本の領土としていた。

＊**大政翼賛会**＝政府への全国民的な協力組織。挙国一致のかけ声の下、この組織が国民生活のあらゆる面を統制支配した。

【11ページ】

＊「役人が時局下で望ましくない出版と認定すれば用紙は与えられず……」日本労働年鑑　特集版　太平洋戦争下の労働運動　労働旬報社　一九六五

【13ページ】

＊**興亜**＝アジア諸国の勢いを盛んにすること。

【15ページ】
＊**支那**＝中国。
【21ページ】
＊**大本営**＝戦時に天皇のもとに置かれた最高の統帥部。統帥＝とうすい＝軍隊の指揮・統率。
＊十二月八日の記、昭和十七年一月一日発行「中央公論」
＊「日本語と私」大野晋　新潮文庫　二〇〇三
【22ページ】
＊**比島**＝フィリピン。
＊**大詔**（たいしょう）＝天皇が広く国民に告げる言葉。**渙発**（かんぱつ）＝詔勅を広く国の内外に発布すること。
【34ページ】
＊**千人針**（せんにんばり）＝弾丸よけのお守り。一メートルほどの長さの白布に、赤い糸で一〇〇〇人の女性に一人一針ずつ縫って結び目をつくってもらったもの。
【36ページ】
＊**襷**＝①和服の袖やたもとがじゃまにならないようにたくし上げるためのひも。背中で斜め十文字に交差させ両肩にまわして結ぶ。②一方の肩から他方の腰のあたりに斜めにかける輪にした細長いひも（「大辞泉」より）。赤襷は召集令状を受けて入隊するものが肩からかけた太く赤いたすき。「武運長久」など寄せ書きされた日の丸の旗をたたんでたすきがけにしたのは旗だすき。
【38ページ】
＊**ラングーン**＝当時のビルマの首都。現在ミャンマーの前首都のヤンゴン。
＊**アンダマン**＝インド東部ベンガル湾にあるアンダマン諸島。

【42ページ】
＊（**大東亜**）**共栄圏**＝太平洋戦争下、日本が唱えた標語。
【43ページ】
＊東京空襲19人の証言　編著・有馬頼義　講談社　一九七一
【48ページ】
＊日本流行歌史／戦前編　社会思想社　一九八一
【59ページ】
＊**鑽仰**＝ほめたたえて、たっとぶこと。
【76ページ】
＊**戦陣訓**（せんじんくん）＝旧日本陸軍の戦時における将兵の心得。
【87ページ】
＊大正二年　詞・吉丸一昌　曲・中田章
【120ページ】
＊**鴻毛**（こうもう）＝オオトリの羽の意。きわめて軽いもののたとえ。「死は―より軽し」（新明解国語辞典）。

参考資料

「番傘」昭和十六年十二月号から昭和二十年第五号、番傘改題「川柳往来」三十四巻六号、七号&三十五巻一号（番傘川柳社、川柳往来社）

「川柳きやり」昭和十六年十二月号から昭和二十一年一月号（昭和十九年八月号から昭和二十年十月号までは「川柳きやり社報」）（川柳きやり吟社）

「欲シガリマセン欲しがります」井上ひさし・編（一九八六年　新潮社）

「標準日本史年表」（二〇〇〇年　第四十三版　吉川弘文館）

「年表昭和史　岩波ブックレット　シリーズ昭和史15」（一九九六年　岩波書店）ほか、各社年表

「明治大正昭和世相史」追補版（一九七二年　社会思想社）

「ドキュメント昭和史　4太平洋戦争」原田勝正・編（一九七五年　平凡社）

「ドキュメント昭和史　5敗戦前後」今井清一・編（一九七五年　平凡社）

「新聞集成　昭和編年史」明治大正昭和新聞研究会編集製作（新聞資料出版）

「朝日新聞縮刷版」朝日新聞社編（日本図書センター）

「高村光太郎全集　第六巻」（一九九五年増補版　筑摩書房）

「摘録　断腸亭日乗」（下）永井荷風（一九八七　岩波文庫）

「東京焼盡」内田百閒（一九八四　旺文社文庫）

「万葉集　全訳注原文付（四）」中西進（一九九七　講談社）

「古事記」倉野憲司校注（一九九八　岩波文庫）

「値段の明治大正昭和風俗史　上下」週刊朝日編（一九八七年　朝日文庫）

「東京空襲19人の証言」有馬頼義・編（一九七一年　講談社）

「東京被爆記」（一九七一年　朝日新聞社）

「日本語と私」大野晋（二〇〇三年　新潮文庫）

「戦う広告　雑誌広告に見るアジア太平洋戦争」若林宣（二〇〇八年　小学館）

あとがき

太平洋戦争を考えるとき、翼賛を通しての戦争協力、戦争責任、いつもここが問題になります。資料調べの途中、新聞縮刷版の目次を見て、茫然となりました。約一ページ半にわたり、「大東亜戦争」。太平洋戦線。オーストラリア方面、ニユーギニヤ方面。東印度諸島戦線。ジヤバ方面、スマトラ方面、ボルネオ方面、モルツカ方面。比島戦線。ルソン島方面、セブ島方面、パナイ島方面、ミンダナオ島方面、ギマラス島方面。ビルマ戦線。マレー戦線。インド戦線。支那戦線。北支戦線、中支戦線。（昭和十七年四月、朝日新聞縮刷版目次より）。

平成の世から見ると、まさに無謀といえる戦線拡大でした。しかし、当然、当時の人は、この一覧を見られるわけはないので、どう感じていたのか。

太平洋戦争当時に戻ってみたらどう感じるのだろう。それを、かなえてくれる媒体を発見しました。それが、「川柳きやり」と「番傘」でした。一、二か月の遅れはあったとしても、ほとんどリアルタイムで庶民が世相を知らせてくれる。読んで行って驚きました。翼賛吟だらけかと思いきや、えっ、これが、検閲にひっかからなかった？　という句も結構あったのです。それをまじえてのリアルタイムの太平洋戦争と庶民の暮しです。

で、戦争責任となったら、一億総懺悔の日本人全部？　いや、総懺悔という言葉で戦争責任を庶民に押し付けて、懺悔などしなかった、本当の戦争責任者がいるはずです。それをあぶりださずに来てしまった戦後七十三年。その辺りを思いながらお読みいただけたらと思います。

大量に句を引用して膨大な原稿量にしてしまったものを、高橋　至さんの三度にわたるチェックと適切な助言で、この本にまとめ上げることができました。大感謝。そして、出版不況でなかなか本にできず、「遺作書いたと思えばいいか」など落胆の気持ちの中、「遺作とならず世に出る著作」としてくださった、かもがわ出版と編集担当の山家直子さんに、感謝、です。そしてここまで、不出来の兄を支えてくれた二人の妹、土田美樹子、堀内眞樹子に感謝いたします。

最後に、ちょっと引用させてもらいます。

過去は泣きつづけている――
たいていの日本人がきちんと振り返ってくれないので。
過去ときちんと向き合うと、未来にかかる夢が見えてくる
いつまでも過去を軽んじていると、やがて未来から軽んじられる

井上ひさし「絶筆ノート」より。ひさしさんの「思い残し切符」、一枚、お渡ししました。

二〇一八年八月

田村義彦

【著者紹介】
田村 義彦（たむら よしひこ）
フリーライター、編集者。昭和16年（1941）、北海道釧路市に生まれる。昭和42年（1967）、上智大学文学部新聞学科卒。同年、出版社入社、週刊誌編集。途中退社。夕刊誌編集、編集プロダクションなどを経て、フリーランスに。ある川柳関連単行本の編集をきっかけに、現代川柳の資料を集め出し、その一部をまとめたのが今回の著作。資料に準拠した現代川柳史を目指したいのですが、さて、残された時間が……。

資料協力　番傘川柳本社、川柳きやり吟社、国会図書館東京本館、都立中央図書館、埼玉県立図書館・清水美江文庫、昭和館、日本現代詩歌文学館、豊島区立中央図書館、文京区立真砂町＆本郷図書館、日本郵趣協会・郵趣サロン研究会・池内昇氏

全日本川柳協会ホームページ　http://www.nissenkyou.or.jp

DTP　パラゴン
装丁　宮部浩司

十七字の戦争
――川柳誌から見た太平洋戦争と庶民の暮らし

2018年9月25日　初版第1刷発行
2019年1月31日　初版第2刷発行

著　者――田村義彦
発行者――竹村正治
発行所――株式会社かもがわ出版
〒602-8119　京都市上京区堀川通出水西入
TEL 075-432-2868　FAX 075-432-2869
振替　01010-5-12436
ホームページ　http://www.kamogawa.co.jp
印刷所――シナノ書籍印刷株式会社

ISBN 978-4-7803-0976-8　C0036

引用川柳索引

本書の本文中に引用された川柳の索引である。
五十音順に配列し、引用ページを付記した。

【あ】

愛嬌のない顔並ぶ配給所 55
挨拶はぬき駈けつけてくれる友 172
挨拶も気軽く三度兵となり 109
赤紙の来る日へ妻と仕度する 82
赤紙を働いてゐた掌に貰ひ 89
赤茶けた湯を呑む日あり戦する 105
赤ちやんの名にも戦時が窺はれ 34
赤帽を呼べば乙女の荒い息 127
あきつ神仰げ亜細亜は一つなり 123
秋の夕撞かない鐘が聴えさう 65
秋祭り神酒所も瀬戸の供へ餅 157
あきらめた列に淋しい夜の膳 13
諦めることに慣れたる日々続く 58
朝々のニユース勤めの身に愉し 30
朝霧のモンペ夜霧の巻脚絆 127
浅草で浅草を訊く焼野原 184
朝飯に坐る片眼帯の笑み 180
明日征く子港の宿の塗枕 114
明日からのほまれへ今宵金鵄すふ 110
明日からは四温はつきり南風 94
明日は征く膝へ無心な子の笑顔 164
汗にぬれまた雨にぬれ泥を征く 60
遊びではない摘草へ老夫婦 173
あの友この友空襲の地の友思ふ 176
アパートの蓖麻は窓から水をやり 107
荒鷲は去年今年は闇市場 202
蟻の列こゝも生きるに必死なり 190
アリユーシヤン思へ音なく霙する 82
アリランを唄ふ娘が居る露営の灯 64
歩くと汗止ると背中から凍り 136
あるだけの音風鈴屋橋をすぎ 103
或る時の梯子は子供汽車となり 52
有るときもありますメニユー消してなし 59
あるとこにあるもの腹の立つ日頃 61
あるとこの話を叱る膳さびし 71
あをによしもんぺが走る鹿走る 95
アンプルの風鈴故郷の音たしか 64

【い】

家中のおみくじみんな南よし 127
家中の腹が減つてる客があり 196
家中を笑顔にさして孫は餇ひ 27
生きてゐたならと勲章胸に母 142
生きて来た奇蹟を今日も語り合ふ 57
生き残る今日の命に胡瓜もみ 187
生きのびた友達の顔土がつき 175
生き延びて窓皆ともす秋となる 196
征きますはみづくかばねとなる覚悟 41
いくさきびし防人の皆便り来ず 155
戦する軒を伝うて金魚売 152
戦つゞく国に上野の秋迫る 66
戦まだ続く五歳の児をながめ 24
幾転戦まだ生きてゐる爪を切り 120
遺骨船従軍僧の靴の音 98
遺骨抱く弟も又甲種の身 39
争かいの夫婦どつちも腹が減り 196
勇ましく出て勇ましく戦死する 67
石ぶつけたい衝動もアツツ島 100
遺書に似て日記はげしき征く前夜 30
いたゞいて香りも嗅いで新刊書 67
イタリヤは他所ごとでなし気が締る 110
一億の明日の力が鰯なり 17
一億の声命中の弾の音 76
一月はむかし胃腸をよくこはし 81
一キロの餅に新春強い国 26, 79
一合の牛乳に手を合はす日々 46
一年を銃後に住まず征く日来る 144
市場籠財布の中に印を持ち 45
いつか来た道をとっとこ自衛隊 5
一家今日国策炭団製造所 130
何時か散る身認識票磨く 104
いつからか紅を忘れた薬指 29
一機一艦たのむと朝の煙見る 111
一丁のやつこ焦土の風も初夏 185

一点はまづ繕ひの糸を買ふ 41
何時の世に油まみれの名妓あり 143
一分の違ひ生きてる身を笑ふ 92
一本の葱罹災者の瞳のうるみ 180
いつそもう三度を粥と決めちまい 129
遺品まだとどかずビルマ雨期に入る 155
胃ぶくろも戦ふ日日の続くなり 115
今に見ろと起つ一億の弁当箱 155
今はもう生活の中の待避壕 180
甘藷植えた畑を立つて見蹲んで見 145
妹へお古だらけの春が来る 133
芋買へた包近所に囲まれる 13
藷粥に目刺に隙のない暮し 40
藷を焼く落葉箒の柄でもちやげ 168
慰問劇故国を偲ぶ盆踊り 71
慰問団さうやさかいに懐しい 92
慰問袋紅緒の下駄は妻の智恵 69
慰問文戦地はだん〳〵遠くなる 69
いろ〳〵の帽子が並び平和くる 202

【う】

植木屋が植木屋となり秋の風 202
上の子が女なればと母が病み 34
氏神へ母を頼んで学徒征く 133
うすやみに明日のいくさの壕を掘る 130
嘘のやうに捷つたラジオを去り切れず 121
嘘ばかり聞いて三年八ケ月 202
討たんかな我も久米の子ペンを持つ 87
うちでもといふは取られた靴の事 59
美しいモンペと出会ふ祇園町 51
売つてやる売つて頂く列にらむ 100
乳母車けふは疎開の荷を運ぶ 147
産まぬ鶏めぐるわが家の審議会 107
海の子も空の子もゐる子沢山 56
海ゆかばみな肉親に兵をもち 77
飢ゆ群れの噂帝都の北の駅 196
売切の札しるこ屋へ陽が高い 39
売るものは何んだつていゝ列へかけ 86

【え】

エイトミリ笑ふベビーへ皆笑ひ 95
営門の別れ最後の顔となる 102
英霊のいまだ帰らず盂蘭盆会 152
英霊は畑に荒れた手に抱かれ 132
英霊はわが子神の子家に着く 59
英和辞典塵打ち払ひ打ち払ひ 192
駅近く住めば万歳風に乗り 120
駅の柵今宵も一人疎開の子 156
駅弁の蓋のその絵も戦つて 41
笑靨浮く戦友の遺品の許嫁 81
エスと呼ぶ犬うろついて純喫茶 50
戎ばし水は流るゝ巻脚絆 106
襟巻の下に国婦の白だすき 31
遠足も行軍といふ時代なり 149
遠足も名前を変へて菓子を持たず 120
縁談に子を負ふ人が目立つ頃 59
縁日の灯へ近道も疎開あと 161

【お】

おいといふ友の得難さけふに知る 185
欧洲上陸その日日本の鎔鉱炉 149
応召の汽車から見えた母の旗 51
応召の襷に小さい手が絡み 148
往診に博士戦闘帽で来る 140
大いなる神また生れ国護る 96
大君に捧げる力瘤を持ち 11
おゝこゝに居たのか軒に三輪車 25
大阪が淋しくなつた餡の味 41
大阪は雨六大学は五回戦 57
大阪へ出して能登から返事が来 159
大利根の景色となつてB一機 185
大八洲神武滅敵総武装 154
オーライと云つて車掌の恥ぢた顔 84
お鏡も小さく戦果の新春祝ふ 79
沖縄へ攻撃きびし若葉風 184
送られたホームへ神となつて着き 70
怒らない客木炭車押してゐる 127
お砂糖が増配になる記事目立ち 39
押入に色気は潜む三味を掛け 45
小父さんと呼ばれ挺身隊と組む 137
おすそ分けひもの二ひきを喜ばれ 51
おせつちも小皿に少し戦時食 169
お互ひの無事を悦ぶまるはだか 180
落ちろ落ちろ防空壕の子の叫び 173
追つた鳩飛んで可愛い児の瞳 27
おどかしておいて飲み合ふアルコール 201

音だけはいゝなとぼろカーほめてやり 95
おのれアメリカ軍扇膝をしびれさせ 99
おのれアメリカ子供よ飯をよく噛んで 99
お囃子も勝抜く意気の盆踊り 65
帯織つた工場○○航空機 144
お膝元信じて母は壕に入り 161
お櫃から一粒もらひ切手貼る 163
お神輿のお渡りがある雲の峰 191
お見それは国民服の和尚さん 100
お召待つ心日本人の心 28
思ひきり笑ひ汁粉の話する 192
思ひ出のアルバムめくる淋しい日 95
思ひやう煙草は切つて十二本 163
玩具屋の前で軍服駄々をこね 52
おやすみなさい非常袋は此処と此処 147
女たちも屋根に梯子に勝ちぬかう 34
音盤にモンペ芸能挺身隊 170
音盤へ国土に育つ竹の針 114

【か】

母ちやんの分は母ちやん喰べなさい 162
母ちやんを見つけ部隊が一人減り 35
快哉を心に叫びラジオ聴く 25
海賊の本拠を神の矢が射抜く 33
開店のビラ電柱へ人が寄り 200
外套脱ぐ学徒の肩に赤襷 120
還る子に妻何処からか出す砂糖 197
柿熟す下に四五人疎開の子 168
架空線戦果待つかの如くゆれ 135
学生は皆召されたり町籍簿 121
学徒壮行その懐しの応援歌 115
かくれんぼ防空ゴウに一人ゐた 79
駆足を強くしとけと戦地から 159
陰膳の主は赤道下で達者 36
飾窓蜜柑の皮と猫昼寝 135
餓死一歩へそくりも無く風邪に寝る 196
餓死線のこの片足を外すまい 195
貨車轟々鉄の匂ひと兵と馬 142
カズノホン兵隊さんと戦闘機 110
語りあふうちに涙の件あり 197
勝ち進む日々ベイゴマも瀬戸の音 43
がつかりとノンビリとした浴衣がけ 189
勝つ国にその名働く子供隊 124
学校の朝錬成の気魄聞く 63
曾て芸者だつたが腕のたくましく 148
飼つてみた雞もどかしくまだ生まず 69
捷つ春だ氏神様に祈るもの 25
鐘の音もしまわれたまま秋となる 62
歌舞伎座の舞台からきく海ゆかば 114
神ゐます日本を知らぬ包囲陣 23
神風の吹かないわけを振り返る 191
神風は期さじ精魂ある限り 128
神風はかう吹くものと眼のあたり 164
神風は吹くものでなし吹かすもの 170
紙屑でともかく今日の飯は出来 175
紙芝居こゝもアメリカ側に問ひ 201
神と言ふ字がこの頃の瞳に沁みる 170
髪と爪遺した家に又帰る 155
神の座へ送る旗なり母が持つ 149
神詣戦場に兄故郷に母 121
蚊帳に寝て沖縄の友夢に来る 187
枯れた葉がたばこになつて十二月 197
敢然と女性が挑む御堂筋 138
元旦の社務所軍服作業服 170
簡単服と国民服の墓参り 107
官庁疎開給仕も列ぶ二重橋 128
かんてきも戦つている二階借 139
陥落だ旗だ万歳だ隣組 33
還暦も古稀も米寿も精を出し 104

【き】

聞いて来た通りふくれぬメリケン粉 24
帰還してみれば妻にも鉄兜 92
刻にも二合三勺にも慣れて 28
刻み葱疎開の幸を手打そば 146
着たまゝで寝る鉄兜手が届き 133
着た儘で寝る夜が続く煙草盆 167
切符制世に出る祖父の格子縞 49
きのふよりけふを輝く海のいろ 96
着ぶくれて母は陽差しの届くとこ 78, 86
気前よく羊羹切つて出す落語 152
来ましたと云ふだけで判る日本人 92
キヤバレーへ通ふ借着の裾が切れ 200
脚絆巻き直して今日も生きてゐた 58
宮城へ醜の御楯の旗の波 25
共栄圏此処は裸で暮す国 42

教会に比島文化の端を見る　42
兄弟が千里隔たる鍬と銃　104
兄弟のみな大将に成る決意　35
兄弟は五人亜細亜に散らばつて　104
今日の日の為に男の子を育て　65
今日は藁敷いて寝られる有難さ　64
今日も無事お守袋出して礼　58
今日も又見倦かず見入る子の写真　88
今日も未だ武運拙く生きのびる　81
行列にモンペ似合ふ娘似合はぬ娘　120
行列を愧ぢてやつぱり列に佇ち　156
曲馬団朝は世帯の音をたて　152
挙手の礼受ける兵の目兵補の目　123
きり〳〵舞課長と僕とだけ男　131
着る方も着たり継ぐのも継いだ服　98
銀売つた夜Ｂ29の墜ちる夢　173
禁職の女の椅子へ独り老い　149
金次郎が十人出来て山を降り　146
近着のライフアメリカ侮れず　79
銀鱗があふれ街中どつと春　135

【く】

空襲警報オペレーターの瞳が光り　48
空襲は絵本にあつたあのマーク　48
空襲は必至庭木にある役目　152
姑娘の祈る土墳へ春の花　97
姑娘の素足へ春の砂ほこり　43
食ふ物を食へば出て行く男の子　24
唇が乾き敵機へ耳澄ます　176
靴下の継青春も切符制　62
靴下へ衣料切符の使い初め　35
靴下を履いてぬやうな色流行る　28
寛げるどてらこんなに世が変り　194
国が勝つための鎧戸降す汽車　137
故郷遠し少年工の祭恋ふ　17
国乱れ家貧にして何も出ず　202
句は世相世相いくさのほかになし　62
配られた南瓜の種と屋根仰ぐ　140
首さへも上げ得ず壕に米を噛む　104
来目の子の血を承け継ぎて撃ちにうつ　87
来るとこへ来た日本の体当り　170
くろがねの浮城を守りませ初日　122
軍靴脱ぎすてたくなつて山つづく　98
訓示する背でプロペラが廻り出し　170
軍神を出して校風世に問はれ　63
軍手履く夏手袋をはめた手に　57
薫風の中に英霊真つ白し　55
軍服になるのだ桑の皮を剥ぐ　102
訓練日戦闘帽の僧が来る　110

【け】

稽古着のやうな繕ひほめられる　92
稽古日のモンペを詫びて花鋏　76
芸術の閃き継に見せてゐる　102
迎春花今日外套を着ず出社　139
迎春花ホロンバイルも楽土郷　97
境内は畑柏手はきつと勝つ　182
警報下畳へ円を描く明り　127
警報下の壕から洩れる子守唄　163
警報下八十三の母があり　66
警報は解除かちどき橋あがる　180
警報発令子がその辺に見あたらず　110
警報は本物街は真の闇　95
激戦のあとは鳥と犬ばかり　58
撃墜を乱打の鐘に祈る壕　157
撃滅の子の眉宇竹の機関銃　154
今朝ツきりを聞かせて梵鐘村を征ち　71
けちなことばかりいふ娘のほめられて　105
欠勤にあらず召された机なり　101
月光に母の写真を見てる兵　184
結婚は昨日残業から戻り　137
結婚もお国の為の相談所　65
決死隊星のきれいな夜を餇うて　144
決勝の誓ひあらたに餅拝む　167
元気よく発つた駅なり今白衣　159
健康なところを嫁にほしがられ　89
現実は赤い襷が枕元　36
厳粛な顔で号令掛け違へ　147
献納の鉄片戦車か砲弾か　13
玄米に決意新たな火吹竹　83
健民雑炊厨に捨てるものもなし　135

【こ】

恋なんか常用漢字から抜かれ　45
かううまく喰つては急に死ねないぞ　148
公園の麦も勝抜く風の中　99

高架からみた大阪は蔓の街 159
郷軍で出る日魚やさん少尉 168
孝行をしたいがみんな切符制 37
壕舎から煙焦土も豊なり 180
工場が教室に還り磨かれる 202
合成酒などは知らない兒還る 197
校長の勝抜く話奉戴日 63
校庭と営庭えらぶところなし 114
壕に馴れ壕に静かな子の頭巾 172
壕に潜む子の質問に答へつゝ 151
壕の入口嗅いでゐる奈良の鹿 182
興廃を叫ぶ帽子の鷲づかみ 16
講評は満点街は水だらけ 81, 91
鴻毛より軽しとしるしノート閉づ 120
壕揺らぐ解脱は遠い砂の音 180
壕を出る笑顔敵機の去つた空 185
声かけて見たいひとりの旗襷 131
コーヒーに似た液体をのまされる 155
子が二人征つてる壁の世界地図 89
故郷とは幼なじみの居らぬとこ 144
国難へ連想がくる木炭車 30
国民酒場自分の前で売り切れる 150
五五三などと昔は云つたもの 34
此処もまた霧のアッツへ続く日日 126
こゝも亦戦歿とある名簿繰る 138
心すれば冬の水にも飛込める 28
小じんまり暮しませうと手を洗ひ 189
午前二時鉄と闘ふ少女あり 159
コチ〳〵の飯山腹の監視哨 37
国境の向ふも同じ花つゞき 105
ごつた煮の野菜豊かな妻の里 135
小包の紐切る鋏叱りつけ 51
こつぱみじんあゝなぐりこみたいあたり 157
五粒の種に南瓜の卓の夢 138
孤島死守の記事を抱いて朝を出る 179
子供差上げ時間がせまる赤襷 110
子供等の期待大きなふくらし粉 58
児に靴をいつ凱旋か買うておく 70
此一戦我家も小さき陣地たり 167
この海の涯に死闘がまだ続き 136
子の笑顔まざ〳〵皿のパンつゝむ 107
この空のいろ世界中いくさする 24
この便り海路無事なるを祈る 126
子の机夕べ送つた紙の旗 115
子の寝息きく夜の膳も作業服 127
子の神輿みんな運動シヤツばかり 97
子は寝たか船は南へ行くばかり 130
子は元の餅となつた蚤取粉 190
五分間停車一輛みな白衣 114
混むバスに疲れ居眠る娘の素顔 55
米に弓娘ごころに謎を解き 160
子よ伸びよ父を見る日のあるやなし 130
御寮はんの号令透る残置灯 106
ゴルフ場までも出来てる占領地 35
これ程も捷つて好いのかニユース済む 37
これをかう被る座布団へ紐をつけ 84
子を歌で励ます待避午前二時 169
子を抱いた気持人形抱いてみる 64
児を抱いて歩くしあはせ不しあはせ 114
子を見つけ次第に抱きたがる男 87
混食も馴れれば旨い芋の味 125
今度逢ふ時まで命おだいじに 172
こんなでも直ると靴屋見せてくれ 59
こんなにも着てゐたものか春になる 140

【さ】

再会もならぬ焦土に掌を合せ 183
祭壇に話かけたい灯がゆれる 41
サイパンのスタンプもある貯金帳 161
サイレンはもう工場のものでなし 110
作業服と吊革に立ち祈る日々 111
酒に縁なき一月の日記書く 81
酒の列見苦しけれどだがしかし 142
佐世保局気付怒濤が眼に浮び 86
座禅くむ親指の裏おもしろし 15
寒さうに商事会社の社長さん 125
鮫の居る海それからが泳げない 114
さようなら往く子残る子疎開の子 187
左翼手は草も一緒にひつつかみ 110
山間のこゝにも黒い子が泳ぎ 102
三合の油に列ぶ小半日 194
三合を求めて腹を絞る声 200
参政権よりも米肉味噌醤油 195
三代の暖簾あつさり疎開する 128
三本目もう米国は敵でなし 26

【し】

叱つてはみる母親も餓じがり　195
叱らないから降りて来い梯子の子　52
叱られて寝る子が閉めてゆく襖　24
持経一偈句の灯明は消えずあり　103
刺殺した球が九人へ廻される　57
自動車の前はお面と打たれさう　87, 91
品切れの箸をお隣り買つてくる　85
品不足人みな耐えて春を待つ　13
死ぬ時は死ぬんだ兵の高いびき　108
死は易く生きるに難き弾雨に伏す　127
雌伏とは勝ち抜くまでの三味と撥　104
事務所今紅十点といふ景色　123
しめろやれ頭は頭らしく征き　71
市役所にあひるのことで用があり　132
写真帳このネクタイは今鼻緒　107
車窓から工場の昼の野球見る　81
三味線で弾丸の音出す文楽座　77
視野緑着たまゝの身を忘れかけ　184
ジヤングルを僅か拓いて鶏を飼ひ　79
終刊の雑誌は届く紙二枚　155
従軍記敵の強さも書き添へる　79
銃後とは此処に女の監視哨　57
住職も鐘も仏具も征つた寺　95
十字路は日暮少年奉仕隊　17
銃抱いて寝た此の膝に子が抱ける　82
執着も愛玩も皆弾丸となり　92
柔道着いつしか足袋の裏にあり　85
銃執れば妻も子もなし故郷もなし　26
十七時いも弁当で戦果聴く　111
出勤を気にし豆腐の列にゐる　110
出陣の学徒校旗に感深し　114
趣味の釣いつか暮しの数に入り　105
巡回の間は鍬もつ駐在所　71
春宵の一瞬過去の幸を知る　40
殉職は覚悟の前の交換機　76
焼夷弾蹴り踏み叩き水をかけ　181
焼夷弾来いと防空具売場　76
焼夷弾摑んだ話とりまかれ　169
焼夷弾摑んで投げられるとは知らず　155
正月へ椰子の枯葉で煤掃ひ　37
上燗屋へイ〳〵と逆らはず　148
小休止見上げる椰子に裸の子　136
常在戦場爆風よけにする畳　107
正直に甘きが欲しき子の日記　55
少女画報こゝもハンマーを振つてゐる　77
精進一年戦闘帽の女形　130
焦土今バケツ一つで用が足り　190
消灯ラツパふるさとも灯を消す頃か　25
昭南市紀州の辺にありさうな　41
昭南島この名で呼べばつひそこら　41
少年よ来れ戦車のビラに立ち　95
嬢はんの声とは別な女子青年　113
情報は一機だと言ふ落葉掃く　170
醤油が瓶に半分世が移る　192
職あつて物乞ひも皆来なくなり　152
食慾は五月の白い雲にまで　57
女子青年男につゞく銃を持つ　113
女性進軍我家の弁当一つ殖え　111
初弾出るまで心臓の鼓動する　38
初老とて曾ては祝ふ身の御召　149
司令官も知事もなんきん見て出勤　146
白い息とれたお日さまありがたう　124
素人だと諦め芋の蔓を煮る　171
字を破裂させて銃後へ叫ぶビラ　59
尋一の声警報の闇までも　31
真剣な顔で八百屋の列にゐる　68
神国を知らぬ米鬼よ今に見ろ　155
紳士の夜なべ煙草を巻いてゐる　192
新熟語産んで戦局苛烈なり　152
新春を迎へる部屋の防毒面　124
信ずれど耳をうたがふ大戦果　28
新日本まだ玉音は耳の底　194
新聞に出ない戦果を日毎積む　95
甚平にしちまへといふ夏羽織　97

【す】

誰何して椰子の実落ちた音と知り　60
水槽へ轟沈させた父の靴　70
すいとんに親子三人葱が浮き　190
双六の絵も勝関を挙げる兵　26
酢の利た心太などほしく初夏　97
スフと云ふ気構へちやんと服を脱ぎ　12
炭わける組長黒い日曜日　51
すめら代はかくして続く特攻隊　168

【せ】

生活苦内地外地にかゝはらず　71
生活へ軍歌がひゞく長期戦　34
成功の無電は神になる知らせ　56
聖将がお二人連れの手紙来る　139
聖戦へ再度のほまれ兵は征く　31
性は善とは思ひつゝ包む下駄　132
世界地図今日も一処血で染り　85
絶食の三日目に来たお正月　83
節電の日暮炭団の赤さ知る　129
絶筆とならん便りを書いて寝る　87
瀬戸物のお釜で出来た飯の味　13
世評などよそに電髪精勤な　13
蟬時雨午后の市電に眠くゆれ　58
せめてもの友の住居も灰と知る　190
戦況となつてラジオを拝む人　110
戦局は急故郷に友の無し　162
ぜんざいの夢母さんも欲しい顔　135
前線と銃後電波に和む夜　93
戦争に征くと言ふ子を膝に抱く　37
戦争の話へ帰還兵黙り　78
戦争は苛烈良縁です算木　130
戦争はこれから耐ゆる事多し　43
戦争はすでに頭上だ通勤路　157
戦争は反対だつた顔ばかり　202
戦争は屋根へ畑を持ち上げる　144
戦争へありとあらゆる人動く　151
戦地から子は子で母の無事願ふ　129
戦地から便りのないを無事と決め　16
戦闘帽一色春の人の列　129
千人にあと十針ほど鬢の雪　34
千人針母の一針どこにある　56
膳のはし缶切動き眼も動き　192
戦帽に鼻筋通る宝塚　158
戦帽の命拾ひをした凹み　157
戦友は神元日の鈴の音　125
戦友も子があり写真見せ合ふて　60
川柳忌鉄骨だけの家ばかり　191

【そ】

粗衣粗食親鸞のみか母に見る　147
双眼鏡に映る敵地も春の色　101
象眼も共に勝抜く爐に熔ける　87
雑巾にして千人にお詫びする　202
送金をする老兵に子が三人　93
総ざんげ位牌へ妻と只黙し　194
増産へ猿に別れた猿廻し　127
増産を計器の針が知らせる夜　76
創氏した民にお召しの秋が来る　58
さうみんな男を産む気でも困り　80
總領は九段に居ます鯉のぼり　93
疎開からお経おぼえた子が帰り　202
疎開したあとの南瓜が咲き初め　150
疎開した子からの便りきつくなり　156
疎開児の放送もしや耳が澄み　169
疎開する子がお別れの辷り台　137
疎開する話疎開の荷が通り　142
疎開の子発たせ夫婦のぽつんと居　162
卒業の子を待つて居る軍需工　89
祖母の琴尊くも亦下駄になり　115

【た】

体当り見たり一瞬息をのむ　175
体格のわりには軽い白い箱　38
体験を語る頭巾の端が焦げ　172
大根の葉捨てる娘を叱りつけ　89
大将にしても機銃を撃ちたがり　84
大戦果帰らぬ人へ皆無言　71
大戦果聴けり無口になりにけり　120
大戦果どちら向いても白衣かな　120
大東亜海敵撃滅の日出づる　122
大東亜戦争と呼ぶ皆戦士　31
大東亜戦のなかの粟粒ほどの俺　34
大東亜地図にバラまく友の数　158
待避壕母ちやんはそこ僕はこゝ　138
待避壕でん〳〵太鼓鳴つてゐる　170
太平洋今ぞ鎮めむ神の国　23
待望のお召吾が家に歓喜充つ　85
大本営発表こゝに神の声　23
大本営発表妻も子も黙り　44
大本営発表の数血の数字　45
大文字山を軒端に侘住居　190
代用品時代の顕微鏡を拭く　45
太陽へ取り組みなさい炭不足　85
大雷雨耳に散華の友思ふ　107

耐へ忍ぶテントの雨に似たこゝろ 62
抱き上げて復員の父泣き出され 194
炊き方を聞くと玄米煮るのです 90
沢庵を小さきおごりにして食べる 82
卓を叩いたことも歴史の一頁 68
竹垣になつた日比谷へ続く春 30
竹槍で何やら乾く壕舎の陽 189
竹槍の喊声きびし隣組 109
竹槍の中の一人は母の声 173
だしぬけに軍病院に居る便り 164
たそがれを母にかへつた女工員 124
戦つてゐる代燃の急救車 62
たゞなぐることが錬成とは悲し（某先生へ） 13
たゞ一つ病ひを知らぬ体もつ 46
たゞ椰子が頼み敵機の急降下 95
煙草の火から故郷を尋ね合ひ 108
食べられさうな草だが牛がにらんでる 173
喰べられる草を見付けたひとりごと 171
喰べられる芽が出た箱を陽へ移し 17
タポーチヨの山容変り茜雲 151
弾が降るふる降る中の姫椿 181
卵産む筈で買うたがうたひだし 171
弾丸尽きた夜の塹壕に決意彫る 81
多摩の杜海の護りの二柱 102
民の声聴くばかりでは頼り無し 196
便り読む戦友の眼ざし父となり 175
誰ぞ征く万歳遠く夜業する 63
弾丸切手職場で銃をとる心 54
弾丸になる釜と別れの初昔 97
誕生の我が児の写真頬そつと 35
誕生日だから御馳走海苔茶漬 169
鍛錬の法を教へて薬売る 76

【ち】

智恵借りに来たといくらか持つて行き 106
力餅名だけが残る峠茶屋 108
地球今西も東も関ケ原 149
地球儀を廻しつ油断出来ないぞ 80
小さき胸アッツの仇をとる決意 100
父帰る隣り帰らぬ父があり 191
父知らぬ子が挙手をする母の膝 173
父と聴く心地ラジオは浪花節 115
父と子の画に父と子が立つて読み 65
父の手に角帽残り学徒征く 139
ちゝはゝと聴く雲月の節廻し 69
父黙し母祈りして子は征きぬ 122
父も娘も母も一つの灯でよなべ 129
地平線ゆけど越ゆれど地平線 64
チヤーチルのやうな胡瓜を造るまい 99
チヤイムから軍歌に続く素晴らしさ 38
忠魂碑平和を希ふ草の色 63
注油所のよいあそび場となつた街 77
忠霊につづけつづけと花吹雪 134
忠烈無窮長男床の間に帰り 163
長期戦ですと見せ合ふ靴の穴 79
長男は戦地次男は軍需工 30
徴用の目のふち染めて姉の家 40
朝礼に鳴る海行かばから朝日 75
朝礼の訓示は今朝の大戦果 63
貯金して一発撃つた気持なり 68
ちよろづの神みそなはせ急降下 56

【つ】

継いでついで継いで無事故の作業服 139
通信簿見せたい父は征つてゐる 97
つぎあてた電車勝ちぬく国のもの 179
つぎあてゝ刺子の様な割烹着 81, 84
月雲に入る間ねらつて匍匐する 108
継ぎに継ぎ当てゝ家中勝ち抜く気 40
継のある作業着ぬげば継のシヤツ 101
月円く母の写真を見入る兵 185
月夜毎冴へて戦況苛烈なり 125
つくろつて又つくろつて母は老ひ 79, 85
漬物を油でいため支那料理 140
つゝしみて戦死と書きぬ住所録 163
ツと開けるドアへ鼠の逃げる音 95
妻日婦そして四人の母の用 123
つむる目の奥に小癪なボーイング 110
梅雨晴のひととき壕舎やたら干し 185
蔓と葉を育てただけの南瓜なり 154
蔓を育てましたと細い藷をくれ 197

【て】

挺身隊らしく時々まごついて 138
ていねいに粉炭つぐ娘の日本髪 78
敵性の名は消え喫茶軍歌鳴る 40

敵の弾丸味方の弾丸も秋の音 163
敵はやがて撃たれにけりと舞ひ納め 155
鉄兜敗れた日から仰向けに 197
敵機来る距離は味方も行ける距離 158
敵機来れば弾丸ぶつぱなす手の茶筅 173
敵機去る背中の泥に膝の土 170
鉄筋が二階できれた青写真 29
鉄の無い球場球の音も消え 95
鉄瓶も火鉢も征つた子について 55
鉄壁の備へと更に神風と 23
鉄を打つふり板につく宝塚 90
寺の田にお住持さまの頬冠り 150
寺の庭銃剣術の声きびし 146
天かくも兵を試すか降り続く 64
電気飴幼き者も列守る 97
転勤は自分が砲撃したところ 110
転校の事情は父が神となり 16
転職の話うづまく昼休み 13
店頭はめつたに買はぬ物ばかり 120
天保のかんざしが今空を征く 173

【と】

東亜會館とあり雑炊を食べさせる 144
灯管の解かれた夜をまぶしがり 191
同期生逢ふが別れの年齢になり 152
東京へ行く汽車丘へ佇ちつくす 163
東郷ありいま山本に勝つ日本 28
登校する子等が軍歌を和して行く 63
どうしとる二合一勺生きてるぞ 202
凍傷も見せて下女なき主婦となる 40
陶製のアイロンもある新家庭 12
銅像は召されて台に立つ子供 92
東天へ勝つよと叫ぶ八日朝 77
東天を拝し訓示は死んでくれ 30
東部軍情報頭の中に地図 169
凍土に伏してしづかに命を待つ 85
童話本にも配給といふ活字 28
通り魔のやうに夜空を米機来る 173
時の子のメガホンの要る遊びする 86
時宗の心日本の朝が来る 23
年頃もみんな真つ黒けのいくさ 173
土地ツ子にせめても三社様が無事 184
嫁ぐ娘を中に点数割つて見る 49
隣組梯子の下に妻が居る 77
どの駅も死んで来るぞの旗の波 146
どの兵も後ろ姿の父に似て 65
どの辺にをるかと思ふ世界地図 36
溝板の音なつかしき街となり 45
兎も角も飛び込んでみる汁粉なり 89
ともかくもわが家わが室わが机 197
友訪へば配給の酒買つたとこ 45
友の顔我顔黒く笑ひ合ひ 180
友は皆征つてしまつた腕をなで 105
友は皆戦線に居る秋祭 63
友征きぬ鉄路の響なほもあり 133
虎造は東海道でよく稼ぎ 84, 90
虎造も勝太郎もゐる野戦風呂 123
とりあへず布団で伏せる焼夷弾 169
鶏つぶす話いきなり子の抗議 168
取り的も地下足袋両国ばしの空 109
とんからり男世帯は助けられ 129
遁走の敵機へ土を握りしめ 147
富田屋のバケツを提げたモンペ隊 16

【な】

内鮮一如モンペの似合ふ町となり 101
なきがらへ今来た便り読んでやり 93
亡き友よちよと寄り給へお迎火 103
薙刀の歩哨にこゝは電話局 77
なき人の若さを偲ぶ上燗屋 148
七重八重勝たねばならぬつぎをあて 162
何が大事敵機は今や上空に 173
鍋釜を担ぎ行軍十四五里 25
南無三宝蓋を取る手に飯の出来 26
南瓜で今年は簾要らぬ夏 137
楠公炊き父もくわしい夕の膳 138
何年かいくさの留守と知る畳 107
何の太鼓かカンポンは起きてゐる 144
南方に兄あり工場に姉妹 138

【に】

兄さんの撃つ弾丸となる切手買ひ 68
握りしむ我家の灰に言ひ聴かす 172
二勺減何んの何んのと工夫あり 190
二重橋征くも還るも祈るなり 142
二十点覚悟を決めて妻と出る 41

二食主義かへつて肥ることを知り　46
日米開戦ラジオを聴きに二里の道　24
日曜日又日曜日職がなし　202
日系の覚悟五族の範へ居る　102
日本の服軍服と作業服　114
日本の朝を歴史の兵進む　23
日本の明日へ給仕の英辞典　194
日本の竹鉄になり革になり　71
日本は今戦へり薬を作り　77
日本は勝つ伝統を子も信じ　44
二年目も売りつくす気の時局地図　76
日本髪黄包車を派手にする　83
ニユース今此処を陥した世界地図　62
ニユース聞くたんびに日本広くなり　57
ニユーヨークいつかは下駄で踏んでやる　125
女房も好きで来てゐるネツト裏　49
人形を抱いてお伽の国に寝る　124
人間の智恵人間を殺す智恵　122
人間の智恵は成層圏を飛ぶ　106

【ぬ】

ぬかるみをひき連れて来る北の春　138

【ね】

熱誠は火と燃え吾も火の一つ　25
年末も年始も同じ娘の姿　169
燃料が来た豆腐屋を見て通り　185

【の】

農閑を地底に挑む人が発ち　135
軒下も増産といふ芽が伸びる　146
軒を這ふ南瓜擬装の街になり　139
登らせて呉れと梯子に子が縋り　52
糊借りに行けば会計鍵で出し　83

【は】

バーの棚まだ敵性の洋酒瓶　44
煤煙を吹き込む貨車に兵眠る　108
配給で生きやうとして死んだ記事　200
配給で生きやうとして痩てゐる　195
配給で暮らした正直者の通夜　202
配給となつて昨日も今日も烏賊　31
配給の豆腐と肉がかち合はず　51, 104
配給の葱と肉とが間を置き　104
配給の豆割当る一握り　184
配給の八百屋まゝ事めいた品　85
配給もお供物程を笑ひ慣れ　150
廃業の訳を先祖へ申上げ　127
廃業のビラの真上の成田山　157
敗残兵ですと還れば笑む一家　198
羽織着た母が鶏呼ぶ春の庭　78
馬鹿を見たゞけで正直者へ秋　191
爆音へ輪廻しの影みな崩れ　131
爆音を聴き分けてゐる鉄兜　152
爆笑も警報までの映画館　104
白状をします甘さのサツカリン　45
爆弾は身近礫が頬を打つ　170
爆弾を抱いて風船海を越え　175
爆風もすでに身近に待避壕　110
爆風を硝子が叫ぶ監視哨　181
励まして無理をするなと付け加へ　137
箱はひかり中味は金鵄袋入り　80
箱一つ児には艦にも戦車にも　100
箱野菜せめて半坪ほしく住み　85
裸から築いた人の献納機　76
畠やら壕に都会も鍬が要り　101
働いた顔は鏡に痩せ細り　191
働いて鰯二匹の夕餉する　35
はつきりと東がわかる焼出され　187
初詣祈る豊穣子の武運　78
初詣怒濤万里の友想ふ　26
派手なもの縫ふべき糸で辻に佇ち　80
バドリオの愚少国民も知り　109
花と散る答辞にしんと鼓笛隊　104
花の山酔ふ人も無く風に昏れ　49
母として征く子に欲しき柏餅　134
母の住む方へ敵機が向きを変へ　179
母の背の丸み思ふて火を囲む　70
母の文母を案じるなと滲じみ　135
母の夢見たし寝床の藁を積む　12
母を恋ふ盛り航空志願兵　104
腹からの笑を欲しく年の暮　200
原ツぱの中に駅ある都なり　197
針を持つ手に母さんの顔が浮き　88
春が来た氷の底の水の音　42
ハローと呼んでブラシを見せる靴磨き　201

万歳が一家に湧いた大戦果　26
ばんざいは踏切に立つ肩ぐるま　63
万歳を壕から叫ぶ体当り　157
般若経慰問袋へ買ひにくる　76
ハンペンに住所姓名名乗らされ　82

【ひ】

B29破れ太鼓の音で来る　173
飛機あれば弾あればとて幾昼夜　152
抽斗の一つかけてはならぬジヤズ　66
髯面の氷柱笑へぬ夜の歩哨　85
飛行機を見あげ少年巡査ゐる　17
飛行雲あゝ神風となりし魂　170
日毎早出夜毎残業もの云はず　138
久方に和尚を訪へば鉄工所　131
火叩きが箒へ泣いた子の戦　99
火叩きの街を花嫁徒歩で来る　122
火叩きもきちんと松が小さく立ち　78
火たゝきを振つてよろけて母をかし　36
一切れのあら巻の値を見て帰り　200
火と煙の渦を娘の手を曳いて　176
均しきに出直す街の明るい灯　189
一束の藁有難し露営の夜　108
ひとときを煙管にぼんやりと冬陽　15
一柱あなたと呼べる神であり　110
ひとつゞつ辷り瓦も疎開する　137
日の丸に僕のサインもある遺品　63
日の丸の旗が咲いてる支那の街　38
日の丸をたてるいのちを伏拝む　28
ひばり鳴く野辺に伏しては敵を撃つ　57
蓖麻の葉を揺り祭の太鼓鳴る　109
百円の値打はかなき十日過ぎ　154
日焼した顔へ愛婦の旗静か　31
百貨店機械の音で黄昏れる　124
百貨店の余命軍刀即売会　152
表札が二つ罹災の友と住み　185
縹渺として令嬢は草臥れる　138
昼と夜のつぎ目電車は作業服　83
昼の列時計の針は十一時　122
昼休みキヤツチボールに軽い汗　44

【ふ】

V一号神は正義へ智恵を貸す　147
ふいに来た友寄せ書の旗を出し　163
武器つくるこの音天に地にひゞけ　111
蕗よもぎまんざらでない煙を吐き　187
福井県を除く情報そこに住む　176
富士だけを読んで読書が趣味といふ　110
無事な空風鈴も鳴る冷奴　103
婦人科医なのに軍医として召され　24
双葉山同士取組む子の土俵　132
仏壇に帰り英霊子と呼ばれ　114
仏壇の桜明るくチンと鳴り　180
筆太に立退き先の墨の艶　172
冬が来る冬が来る来る焼トタン　194
振向かず征く子だん〳〵小さくなり　156
ふり向けば国民服の女形　77
振りむけばやさしい娘なり戦闘帽　152
古疵に触れる昔の流行歌　69
故郷へつゞく海なり飽かず見る　45
風呂敷で店をひろげる戎橋　197
ふんぎりがついて妻娘の出すダイヤ　161

【へ】

米英をボク等も撃てる切手買ひ　68
塀沿ひにヒマが実つた知事官舎　154
兵隊ゴツコ風呂敷持つて飛降りる　67
兵隊の神となる時母を呼ぶ　41
米の字は木葉微塵になる姿　158
兵の夢モンペりゝしい母があり　120
米兵を見上げて一に負けたわけ　197
兵黙々神兵の口一文字　77
平和とは河をはさんで魚を釣る　34
ベニヤ板まぜて硝子の戸が動き　197
勉強をしろと子に吹く秋の風　65
編輯部カツト使つたのも昔　51
弁当の包紙丁寧に紙不足　68
弁当をひろげて闇の値に怯へ　200
弁論は自由暮しは押しつまり　195, 200

【ほ】

奉安殿ヨイコに成つたぼんのくぼ　44
奉公の噂通天閣高い　16, 84
奉仕隊四五年前は若旦那　101
砲声がなければ蝶の舞ふ畠　159
砲声に似て遠雷の近づけり　60

放送の英語会話へ母も坐し　194
砲弾の花火が匂ふ文楽座　36
防諜の手本元禄十五年　77
報道は稔り配給おままごと　191
防毒面無聊の顔でぶらさがり　69
邦名に換へておかしな屋号なり　60
ほうれん草一把提げてる折鞄　94
朗らかな笑ひに白の鉄兜　198
ポケツみな戦陣訓あり砲けづる　76
募集札一日でもう用を足し　197
ほたる籠父は異境の涯を攻め　57
歩調取れ支那の子供がついて来る　15
舗道走る火の粉霰の如く飛ぶ　176
ほとばしる舳世界の波を蹴り　77
ほめてやれ還つて来たぞ子の遺品　159
本物の漫才師いる娯楽会　108

【ま】

巻脚絆もうよつぽどの齢の人　144
巻脚絆モンペに負けてうろたへる　88
枕ひとつひとつに故郷の夢がある　123
敗けたなら生きてをらぬと生きてをり　197
敗けた敗けたと焼トタン風に鳴る　197
敗けた訳説明しろと母せがみ　200
孫もある齢を通勤定期券　144
まだ生きてゐて笑ひ合ふ泥の顔　130
又違ふ噂を聞いた市場籠　97
又召され征く日の覚悟確と持ち　115
真ツ盛りですと夜業の服で来る　135
窓からの陽に騙されて出た寒さ　87
窓口にとゞく貯金の子の背丈　68
眦を決して起てば日本人　24
まゝごとの言葉の中にある戦さ　172
まゝごとも外食券が要ると言ふ　130
まゝ事も配給切符で買ひに来る　29
豆も菜も陣地で出来たおみをつけ　181
繭も兵器だ蠶戦にむち打たれ　102
真夜中も敵激滅の火華散る　125
マラリヤも蛍も同じ闇を飛び　150
満塁の打者は白衣をからげたり　55

【み】

見栄もなく芋の包を抱へる娘　31
身代りといふことにした焼けた服　193
未帰還の数にちゝはゝ箸をおき　144
未生流昼は軍手を嵌める手に　123
水打つて風鈴と居る夏祭　191
水と砂火叩き梯子無事に暮れ　51
道順に防空壕も二つ三つ　107
見つかつた迷子桜の枝とくる　135
三日目に軍靴を脱いで足を見る　92
皆兵に育て静かに河鹿聴く　150
未練などサラリ焦土へ大根蒔き　192
見渡したところ世相はカーキいろ　67

【む】

昔なら隠したい齢胸に縫ひ　101
無我となり査閲の庭に死を学ぶ　124
迎へ火の煙り誉の家とあり　100
麦を踏み追撃三日麦に寝る　155
蒸芋へ顔々々の真剣さ　38
虫が鳴く駅にも殖えた油服　159
虫の声長男次男既に神　109
虫の音を幕舎に聞きつ母へ書く　115
武者人形兄は南の空に散り　90

【め】

明治六年生れと母も胸に縫ひ　90
迷信と云はれたくない初不動　82
命中とはかくも悲壮な語なりしか　170
命名も届けもおぢいさんがする　154
メガホンでなら叱りよい隣組　94
召され来てしみ〳〵泣いた母の筆　35
召され征く朝を父母立てた旗　161
飯はよいどころか餅も喰へぬ春　200
眼をとぢて暫し故郷の皆と居る　120
面目にかけて痩身胸を張り　59

【も】

儲けたい気持許せぬ菓子の味　61
猛爆下俺も貴様も生きてゐる　89
毛布にもしばし明日から草か藁　123
喪主出征中死亡広告膝正す　110
模範工体力章も持つて居る　11
盛り直す壕盲爆をあなどらず　168
もんぺきちんと芸者も興亜奉公日　15

もんぺにも四谷浅草日本橋 135
モンペ服閑な亭主がはいてみる 28

【や】

焼鍋を提げた同志が巡り会ひ 183
山羊の子とたわむれてゐて宿営地 15
野球場あのピッチヤーも征つたのか 66
焼跡で知つた女房の力なり 187
焼跡に青い芽を見る土に生き 180
焼跡を小皿小判のやうに出る 185
焼け死なずその夜真赤な夢を見し 176
焦けた風疎開やもめの赤い釜 185
焼野原ふと崖下の虎耳草 183
焼り鉞力生れた土地を護る小屋 184
野菜電車市場を起す様に着き 172
椰子近く海といくさの船進む 142
椰子の木がいつしか松にかはる夢 179
椰子の葉をちぎる弾丸から夜が明ける 42
痩せてゐるお互様に痩せてゐる 202
嫁つた娘の部屋に風鈴だけの音 58
闇憎む話みんなの眼がきつい 100
辞める娘が機械の癖も云ひ残し 144
破れ鍋も興亜へ勇み召されゆく 13

【ゆ】

夕顔に風少しあり警報下 150
夕月に関心のない人通り 41
夕焼小焼予科練の歌帰るなり 127
浴衣単衣袷褞袍と酒たのし 197
征きに征き進みに進み神といふ 162
雪の道マーチヨの馬のひげ凍る 133
征き征きて人生夢にせず戦死 157
征く戎衣帰る白衣の汽車の窓 120
征く友へ遅れた我を恥じて坐し 105
征く人の都々逸三の糸が切れ 160
征く船も三度生死を語らざる 155
夢に見る子はいつまでも赤ん坊 159

【よ】

酔醒めの水だまされてゐた話 194
八日から十五日まで悪い夢 202
世が世なら売れつ奴それが壕を掘り 154
よく売れる紙十銭の英会話 202
よく聞けば唄も勝ち抜く盆踊り 115
翼賛を知つてはゐるが釣が好き 16
よく死んだじつと写真に見入る父 29
よその子はすぐに大きくなるやうな 86, 91
夜はあけたおやまだ今日も生きてゐる 148
世はかくてジープの音に枯葉舞ふ 197
読む妻と聞く母想ふ軍事便 70
嫁の荷に防空支度く一揃ひ 94
喜んで死ねる覚悟に育てられ 41

【ら】

洛北の虫一千を聴いて寝る 192
落下傘蠶の数を考へる 68

【り】

罹災した人の笑顔にこみあげる 180
両親に五十の御召祝はれる 155
料理屋の庭が今日から寮の庭 120

【れ】

令状といふ現実へ端座する 122
令状と母待つ故郷へ急ぐ汽車 67
レストラン金髪派手にビール飲み 43
連翹にはや姑娘の腕あらは 139

【ろ】

ローソクの灯子供の写真見る 26
六月の風を預かる阻塞球 152
六点の呉服女へ春が来る 41
六本に賛成多し母と妻 162
艪の渦も幸福さうな共稼ぎ 76
艪も櫂も女鰯の船つゞく 107

【わ】

我が命よりも大事な銃と剣 97
吾が死所と決めて立派な壕を掘る 170
別れ道敵機はきつと来る五月 142
綿供出座布団にする藁を打ち 168
私のは無花果ですと煙草捲く 201
藁を打つ灯も細々と春三日 78
吾ぞいま神につながる進軍譜 26